Bibliotecas escolares, lectura y educación

Juan José Lage Fernández

Bibliotecas escolares, lectura y educación

Dados Internacionais de Catalogação na Publicação (CIP)
(Câmara Brasileira do Livro, SP, Brasil)

Lage Fernández, Juan José
  Bibliotecas escolares, lectura y educación / Juan José Lage Fernández. -- São Paulo : Cortez, 2016.

Bibliografia.
ISBN 978-85-249-2466-8

1. Bibliotecas escolares 2. Incentivo à leitura 3. Literatura infantil - História e crítica   I. Título

16-04744   CDD-027.8

Índices para catálogo sistemático:

1. Bibliotecas escolares : Proposta de trabalho   027.8

Direitos de impressão no Brasil — Cortez Editora

Rua Monte Alegre, 1074 – Perdizes
05014-001 – São Paulo – SP
Tels.: (55 11) 3864-0111 / 3611-9616
cortez@cortezeditora.com.br
www.cortezeditora.com.br

Nenhuma parte desta obra pode ser reproduzida ou duplicada sem autorização expressa do autor e do editor.

© Juan José Lage Fernández

© Ediciones OCTAEDRO, S.L.
C/ Bailén, 5 – 08010 Barcelona
Tel.: 93 246 40 02 - Fax: 93 231 18 68
www.octaedro.com - octaedro@octaedro.com

Edição original
ISBN: 978-84-9921-374-3 (Octaedro)

Impresso no Brasil — agosto de 2016

*Para Manuela, que comparte mis ilusiones
y deja volar mi fantasía.*

Sumario

Capítulo I. Literatura infantil y juvenil 9

Capítulo II. Bibliotecas escolares 41

Capítulo III. Animación a la lectura 77

Apéndice I. Citas 135

Apéndice II. Selección de álbumes ilustrados 173

Apéndice III. Bibliografía básica 177

Índice 185

CAPÍTULO I
Literatura infantil y juvenil

Quien escribe para niños escribe para la eternidad.
ANDERSEN

El arte de la difícil facilidad (o cómo escribir un buen libro infantil)

No existe nadie en el mundo capaz de enseñarte a escribir un buen libro para niños.
ASTRID LINDGREN

Recuerdo cuando, en una ocasión, en una entrevista en la radio, me preguntaron así de sopetón que cómo tenía que ser un buen libro infantil. La respuesta más inmediata que se me vino a la mente fue recurrir a una anécdota de **A. Lindgren**. Cuando le preguntaron lo mismo, contestó: «debe ser bueno». Bromas aparte, la pregunta se las trae, porque los que a veces son catalogados como buenos libros por un comité de expertos no gozan del favor de los lectores jóvenes; y al revés, libros considerados como deleznables obtienen reiteradamente el beneplácito de los lectores, sin que lleguemos a comprender bien del todo los motivos de estas adhesiones o rechazos.

Si tuviéramos las claves para escribir un buen libro infantil, seguramente que hace tiempo las hubiéramos utilizado. No obstante, intentaremos deducir a través de las opiniones de los escritores —los más interesados en crear buenos libros— cómo debe escribirse un buen libro, cuáles son los mecanismos que funcionaron durante siglos para llegar a considerar a determinados libros infantiles o juveniles como obras de arte.

Lo primero que cabe decir es que la tarea de escribir para niños no es fácil, pues deben coaligarse muchos factores, no tanto literarios como extraliterarios. **B. Croce**, ya en 1943, a pesar de que no creía en la LIJ (literatura infantil y juvenil) y pensaba que «el espléndido sol del arte no puede ser soportado por los aún débiles ojos del niño», era de la opinión de que los libros que tienen algo de literario o artístico son los adecuados para los niños, pero también y principalmente, los que presentan elementos extraestéticos, curiosidad, aventuras etc. **R. Dahl**, el más grande de los genios en el arte de escribir para jóvenes, era consciente de esa dificultad cuando afirmaba: «Todo el mundo puede escribir un mal libro infantil, pero no es fácil escribir uno bueno».

Efectivamente, escribir para niños, hacerlo bien y tener éxito se configura como una tarea de titanes, al alcance de muy pocos, solo aquellos tocados por un don especial, por el «arte de la difícil facilidad», definición certera acuñada por el gran poeta **Carlos Murciano**. Don en el que, por cierto, incide **Miguel Delibes** cuando afirma: «Escribir para niños es un don, como la poesía, que no está al alcance de cualquiera… Es un ejercicio de afinamiento de nuestras facultades y, en consecuencia, de condensación, de síntesis, de linealidad y, tal vez, de brevedad».

La primera condición para lograrlo es escribir para el interior del niño que somos, no olvidar la infancia que fuimos, de dónde venimos. «¿De dónde vienen las ideas?», se preguntaba A. Lindgren. «En muchos casos no se trata de verdaderas ideas, sino únicamente de transformaciones de acontecimientos de la infancia», contesta.

También el inolvidable **M. Ende** redunda en la misma idea cuando dice:

> Nunca pienso en los niños cuando estoy trabajando, nunca me detengo a considerar cómo debería escribir mis pensamientos para que los niños me entiendan, nunca elijo o rechazo mis temas especulando sobre si son adecuados o inadecuados para los niños. Todo lo que puedo decir es que escribo los libros que me hubiera gustado leer cuando era niño… No escribo en recuerdo o proyección de mi propia infancia. El niño que yo solía ser, hoy, todavía vive y entre él y el adulto actual que soy no existe abismo alguno. En mi defensa, aporto las palabras de un gran poeta francés: cuando dejamos de ser niños, estamos muertos… Yo creo que el niño vive todavía en todos aquellos que no han caído aún totalmente en el prosaísmo y la falta de creatividad.

Otra condición muy citada es lo que se denomina: libertad para escribir, el no estar condicionado por el destinatario. **Rafael Sánchez Ferlosio**, al referirse a Pinocho, dice: «Qué hermoso libro habría sido si el autor se hubiese atrevido a escribirlo no para los niños, sino exclusivamente para sí, lo que equivale a decir para quien quiera» (Carlo Collodi, el autor de Pinocho, escribe el libro por capítulos para pagar una deuda de juego, y cuando los envía al editor del semanario donde se publica, le dice: «Te mando esta chiquillada; haz con ella lo que quieras»). La citada A. Lindgren daba el siguiente consejo: «Sin libertad, la flor de la poesía no tarda en marchitarse». Y curiosamente, también **J. K. Rowling**, la autora de Harry Potter, hablaba de lo mismo ante el éxito de su serie: «Escribí lo que quise, sin pensar en los niños ni en las ventas».

Tanto la propia autora sueca en su autobiografía *Mi mundo perdido* como otros autores, inciden en otra clave para tener éxito entre los niños: el humor. **J. D. Salinger** pone en boca del protagonista joven de *El guardián entre el centeno* la siguiente frase: «Lo que me gusta de un libro es que te haga reír un poco de vez en cuando». O sea, a los lectores jóvenes les gusta reírse, pasarlo bien. Tras muchos de los grandes éxitos de la literatura infantil y juvenil se esconde un libro lleno de humor disparatado, desde *Alicia* a *Pippa Mediaslargas*, pasando por *Tom Sawyer* o *Matilda*.

R. Dahl, el gran mago del humor negro, investido de autoridad, decía al respecto lo siguiente: «Es de vital importancia tener sentido del humor cuando se escribe para niños, porque los niños no son tan serios como las personas mayores». **Bernardo Atxaga**, autor popular entre los lectores adultos con algunas obras dedicadas a los lectores más jóvenes, confiesa que, tras escribir varios libros dedicados a la población juvenil, «asocia literatura infantil con literatura de humor», dicho que demuestra en algunos de sus títulos. El ya citado M. Ende dice al respecto del humor: «Seguro que no les digo a ustedes nada nuevo si añado que los niños para nada son tan receptivos como para el auténtico humor, pues este les dice que se pueden tener y cometer faltas, más aún, que se nos quiere precisamente a causa de nuestras faltas».

Y el mencionado R. Dahl, en su paradigmático *Matilda*, añade otro componente: el misterio, del que dice que «mantiene la atención y el interés del lector». Misterio y suspense que contienen a raudales, por ejemplo, los llamados cuentos de hadas o clásicos, de ahí el interés de siempre de los niños por estas historias y de ahí que se les haya considerado como la única obra de arte que el niño es capaz de comprender.

También de este tipo de cuentos podemos deducir otra clave de cómo debe ser una buena historia para niños. El psicoanalista **Bruno Bettel-**

heim decía que el éxito de estos relatos radicaba en que daban respuesta a problemas existenciales, a los conflictos humanos básicos de manera muy sencilla. Y es que desde muy pequeños, los niños están angustiados por problemas vitales para los que no encuentran respuestas adecuadas y por el eso el Premio Nobel **Isaac Bashevis Singer** creía que los libros infantiles deben responder, de modo sencillo, a estos interrogantes, al igual que lo hace la Biblia («de niño —decía— hacía las mismas preguntas que más tarde encontré en Platón, Spinoza, Kant...»). Es decir, un buen libro infantil es aquel que pone un poco de orden en el caos interno con el que convive el niño, que le permite permanecer sereno y tranquilo.

La **sencillez** antes aludida de los cuentos de hadas parece otra condición imprescindible en un relato para niños. «La sencillez nunca es una vergüenza», dice A. Lindgren. «Y es que lo sencillo no tiene por qué ser trivial ni pobre», apostilla.

O sea, sencillez en el sentido de naturalidad, de espontaneidad, que no de pedantería. «Los poetas suelen hablarnos de la vida, la muerte y el amor con tanta sencillez que hasta un niño puede entenderlo», dice A. Lindgren, y termina con una cita de Schopenhauer: «Hay que emplear palabras corrientes y decir cosas extraordinarias». Sencillez —repito— que no significa no emplear palabras desconocidas para el lector, que no quiere decir descender en el lenguaje, que no está reñida con la libertad a la que antes se aludía, sino que requiere tener la sensibilidad suficiente para que el lector entienda lo que queremos contarle y al mismo tiempo hacerle crecer. Es la sensibilidad a la que se refería el francés **M. Tournier** cuando le preguntaban si, tras la adaptación de una de sus novelas para uso de adolescentes, se iba a dedicar a escribir para niños:

> No. No escribo para los niños. Nunca. Me avergonzaría hacerlo. Es subliteratura. Pero tengo un ideal literario, unos maestros, y esos maestros se llaman Perrault, La Fontaine, Kipling, Selma Lagerloff, Jack London, Saint-Exupéry... Son autores que no escriben nunca para niños. Solo que escriben tan bien que los niños pueden leerlos.

El inolvidable maestro **Paul Hazard**, compatriota de Tournier, en su clásico e imprescindible libro *Los libros, los niños y los hombres*, se permite aconsejar a los futuros autores de literatura infantil o juvenil con estas palabras:

Ya los títulos poseen una extraordinaria importancia, pues los hay que los alejan de buenas a primeras, sea porque les parecen ya usados en demasía o porque se diría que ocultan trampa (titulad vuestra historia «Cómo ayudaba a mamá la pequeña Violeta», «Cómo se fabrica un piano» o «Margarita en la escuela» y podéis estar seguros de que no lo abrirán). Poned cuidado en la manera de empezar; se requiere originalidad, trazo seguro, agudeza. En el desarrollo de la narración usad abundantemente el diálogo; dadles cuanta acción podáis. El desenlace, que ha de colmar su curiosidad, debe, empero, dejarles deseando algo más todavía, al fin de no cerrar del todo su horizonte: después de la narración que habéis imaginado, empezará la que imaginen ellos. [...]

Evitad los pasajes pesados, las largas descripciones; no olvidéis que, apenas terminada una peripecia, vuestros lectores dirán: ¿Y qué ocurrió luego? Sed, pues, breves y ágiles. [...]

Conviene que vuestros personajes sean, al fin, felices. Si les contáis aventuras (el 60% por lo menos de los libros que producen dinero son narraciones de aventuras), recordad que han de ser apasionantes y que no ha de faltarles cierta verosimilitud en el conjunto y exactitud en el detalle.

O sea. El autor compone una especie de *arte poética* para manual de los escritores primerizos. Abundantes diálogos, mucha acción, brevedad y agilidad, personajes felices... Parece muy exigente. Y cuando le preguntan entonces qué tipo de libros le gustan a él, responde sin titubear:

Me agradan los libros que se mantienen fieles a la esencia del arte, o sea, que brindan a los niños una belleza sencilla, susceptible de ser percibida inmediatamente y que produce en sus almas una vibración que les durará de por vida. [...]

Y los que despiertan en los niños no la sensiblería, sino la sensibilidad; que los hagan partícipes de los grandes sentimientos humanos. [...]

Me agradan los libros que proporcionan la más difícil y necesaria de las ciencias: la del corazón humano. [...]

Me gustan los libros que contienen una profunda moraleja: los que nos permiten ver hasta qué punto la envidia, los celos y el ansia de riqueza son feos y bajos..., los que nos mantienen la fe en la verdad y la justicia.

Cabe añadir que si el niño es un ser que aún se deja llevar por las pasiones, incivilizado e irreverente (de ahí su interés por los libros de animales), y que no se deja civilizar con facilidad, posiblemente la literatura que le interese debe tener algo también de **antisocial y desestabilizador**. Elemento este último que llevaban dentro, por cierto, algunas de las mejores obras de la literatura infantil y juvenil, desde *Peter Pan* a los libros de R. Dahl.

Otro francés, **Marc Soriano**, sintetiza las características de un clásico infantil en tres puntos: uno de los héroes tiene aproximadamente la edad de los lectores; todos tienen alegría, humor y son optimistas; la calidad artística no es lo más importante, sino la afectividad.

En la importancia de la edad de los lectores insiste también la autora **Care Santos**. Cuando le preguntaron cuáles eran las reglas de juego para escribir una buena novela juvenil, respondió: «Creo que es indispensable conseguir que el lector se identifique con lo que lee. Esta identificación suele venir a través de los personajes. Por eso es bueno que los protagonistas tengan la edad del lector».

Tal vez pues, no existan los autores de obras para niños, sino los autores de obras para todas las edades y, como dijo el asturiano **Ramón Pérez de Ayala**, «los buenos libros infantiles son aquellos que entretienen a los hombres y les devuelven una ilusión de infancia» (o digamos, los que entretienen a los niños y les hacen crecer).

Los premios Nobel de literatura y los niños

El Premio Nobel se instituyó en 1901, por decisión de Alfred Nobel (1833-1896), ingeniero y químico, inventor de la dinamita, quien legó en su testamento los recursos necesarios para la concesión del premio. Desde entonces lo concede, con más o menos fortuna, la Academia Sueca.

Tal vez muchos lectores desconozcan que **Mario Vargas Llosa** (Perú, 1936), el Premio Nobel 2010, ha publicado un libro para niños a partir de seis años: *Fonchito y la Luna* (Alfaguara, 2010). El argumento es el siguiente: Fonchito es un niño avispado que vive en Lima y su mayor deseo es besar en la mejilla a su amiga Nereida, la cual le pide que a cambio le regale la Luna. Fonchito, tras mucho pensar, se la ofrece reflejada en un balde de agua. Es una historia con ilustraciones en color a doble página, esquemáticas y con guiños a lo abstracto; que tiene como referente la imaginación infantil, aunque sin grandes aportaciones; convencional, y con un final previsible.

El más representativo

Para empezar, digamos que el Premio Nobel que más dedicó su vocación a la infancia fue, sin duda, **Isaac Bashevis Singer**, Premio Nobel en 1978. El propio autor, en el apéndice titulado «¿Son los niños los mejores críticos literarios?», incluido en sus *Cuentos judíos* (Anaya), justifica el hecho con las siguientes palabras:

> Los niños son los mejores lectores de auténtica literatura..., y siguen siendo lectores independientes que solo confían en su propio criterio. Nombres y autoridades no significan nada para él.

Además, el autor se permite teorizar sobre las reglas básicas que debería tener toda buena historia escrita y pensada para niños: enraizada en el folclore, respondiendo a preguntas eternas, con carencia de mensajes, que hablen de lo sobrenatural, escritas con claridad y lógica...

Singer (1904-1981) había nacido en Polonia. Era hijo de un rabino judío, aunque en 1935 emigró a Estados Unidos y se hizo ciudadano norteamericano. En su libro *Krochmalna n.º10* (SM), nombre de la calle donde pasó su infancia en Varsovia, recoge las anécdotas que sucedieron en su hogar, por donde pasaban muchos judíos, dada la condición de su padre. Escribió siempre en yiddish, lengua que utilizaban los judíos que vivían en el gueto de Varsovia (destruido por los nazis durante la Segunda Guerra Mundial), mezcla de diferentes idiomas y escrita con caracteres hebreos. Sus libros para niños se definen por tres rasgos peculiares: carácter autobiográfico, enraizados en el folclore popular y con el tono religioso que caracterizaba al autor. Destacan, por ejemplo, *Golem, el coloso de barro* (Noguer) y *Cuando Scklemen fue a Varsovia* (Alfaguara).

De 1909 a 1967

En 1909, la Academia concede el premio a la sueca **Selma Ottiliana Louisa Lagerloff** (1858-1940), docente durante varios años, que se convierte en la primera mujer en conseguirlo y también la primera mujer en entrar en la Academia sueca en 1914. En 1901, el Ministerio de Educación sueco le encarga la redacción de un libro para que los alumnos de las escuelas aprendan tanto la geografía de su país como la historia y las leyendas de una manera amena y divertida. Surge así *El maravilloso viaje del pequeño Nils Holgerson a través de Suecia*, título original traducido al castellano con diferentes variantes: *El maravilloso viaje de Nils*

Holgerson (Akal, 1983; Anaya, 2008) o *El maravilloso viaje del pequeño Nils* (Gaviota, 2001). La historia, que se convirtió en un *bestseller*, está protagonizada por el niño Nils, quien, por una mala acción, disminuye de estatura hasta los 20 cm, y así es como viaja sobre un pato doméstico por toda Suecia con el noble propósito de proteger a los débiles y a la naturaleza para así poder recuperar su estado natural. Se trata de un libro, por su retrato del paisaje y las costumbres del pueblo sueco y por su extensión, de difícil lectura para los jóvenes de otras culturas, por lo que, como dice Bettina Hurlimann, «será necesaria la ayuda de los adultos para que lo lean en voz alta». Mezcla diferentes géneros: fantasía, iniciática, viajes..., y combina hábilmente el humor con las descripciones, la ternura y el lirismo. Otro libro suyo para jóvenes fue *Leyendas de Jesús* (Lumen, 1981), que incluye ocho leyendas tomadas de los evangelios apócrifos.

En 1913 el premio se lo lleva el indio **Rabindranath Tagore** (1861-1941). Muy preocupado por la infancia, creó una escuela en 1901. Su obra es muy asequible para la juventud. La más conocida es *El cartero del rey*, poema dramático en dos actos de diez escenas cada uno para lectores a partir de once años.

En 1922, el premio recae por segunda vez en un español (la primera vez, en 1904, se había otorgado de manera compartida a José de Echegaray): se trata de **Jacinto Benavente** (1866-1954). Su especial sensibilidad para el teatro infantil le llevó a crear «El teatro de los niños», proyecto en el que colaboran numerosos autores de la época. También le empujó a crear obras de teatro especialmente pensadas para los niños. Así, por ejemplo, surgieron de su pluma piezas como *La princesa sin corazón* (1907), *El sietecito* (1910), *La novia de la nieve* (1934) o, principalmente, *El príncipe que todo lo aprendió de los libros* (1909). Obras, no obstante, que, vistas con los ojos de hoy, están llenas de «anacronismos y alusiones forzadas, más asequibles para el espectador adulto que para el infantil» (García Padrino); «con fuertes dosis de sentimentalismo, textos reaccionarios, discriminatorios y antihistóricos» (Isabel Tejerina).

En 1926, el premio se concede a otra mujer, la italiana **Grazia Deledda** (1871-1936), autora de una recopilación de cuentos tradicionales para niños, publicada en España con el titulo de *Doce cuentos de Cerdeña* (Labor, 1977).

En 1938, de nuevo es premiada una mujer: **Pearl S. Buck** (1892-1973). Se había educado en China, donde sus padres eran misioneros y donde ella misma ejerció como misionera y educadora. Quizá fue esa vocación la que hace que sea la Premio Nobel, tras Singer, que más libros escribió para niños. Entre sus libros más conocidos para adultos figuran *Viento del este, viento del oeste* y *La buena tierra*, adaptada al cine. Y de entre sus libros para niños, podemos citar a tres que rezuman aroma oriental y encuentro entre culturas: *El dragón mágico* (Lumen, 1965), que contiene dos cuentos; *Los chinitos de la casa de al lado* (Labor, 1970), que contiene tres cuentos, y *El haya* (Juventud, 1978), que incluye tres cuentos cobijados bajo tres árboles: el haya, el abeto y el sicómoro. Tanto en *El dragón mágico* como en *Los niños del búfalo* (el otro cuento incluido en el libro) son cuentos para niños a partir de los nueve años. Los temas son recurrentes: la estructura oral, el encuentro y la amistad entre niños de diferentes culturas y la defensa de la condición femenina.

En el año 1949, el premio se lo lleva **William Faulkner** (1897-1962). Criado en una clásica familia del sur norteamericano, refleja en su obra el ambiente de estas regiones sureñas y el enfrentamiento con el norte. Trabajó como guionista de cine, y se le considera introductor de técnicas narrativas innovadoras. Obras suyas significativas son *El ruido y la furia*, *Santuario*, *Mientras agonizo* o *El villorrio*. Es autor de un libro para niños a partir de los nueve años: *El árbol de los deseos* (Lumen, 1970; Ediciones B, 1989; Alfaguara, 2008). Escrito para una niña con motivo de su octavo cumpleaños, este libro es un relato de corte maravilloso, que nos recuerda a *Alicia en el país de las maravillas*, y retrata muy bien el escepticismo de los viejos y la inocencia de los niños. Tiene alusiones antibélicas del tipo «las guerras siempre son iguales» o «en mi vida he visto un soldado que ganase algo en la guerra».

En 1954, el premio se lo lleva otro norteamericano. Se trata de **Ernest Hemingway** (1899-1961), periodista, corresponsal de guerra y conocido por libros como *El viejo y el mar*, *Adiós a las armas*, *Por quién doblan las campanas* o *Las verdes colinas de África*. Nos dejó dos libros para niños: *El toro fiel* (Debate, 1989), con ilustraciones de Arcadio Lobato, fruto de su apasionamiento por la fiesta de los toros, presenta un toro admirado por su bravura y por su fidelidad, que es una de las constantes de su obra («no era pendenciero ni malvado, pero luchar era su obligación»), y *El buen león* (Debate, 1984), con ilustraciones de Francisco González, y de diferente tono, pues presenta un león que no es como los demás, y huye de la selva volando para refugiarse en Venecia. «Quizá todos deberíamos ser fieles» es la moraleja final. Ambos son libros para lectores a partir de los siete años.

En 1967, el premio recae en un autor de habla hispana. Se trata de **Miguel Ángel Asturias** (1899-1974), escritor guatemalteco. Autor de libros encuadrados en lo que se llama el realismo mágico —*Hombres de maíz, El señor presidente*— es autor de un libro para jóvenes, o mejor, publicado en una colección juvenil. Se trata de *El hombre que lo tenía todo, todo, todo* (Siruela, 2001). Fábula liricosurrealista y barroca, para niños a partir de once años, con cierto tono oral no desprovisto de sentido crítico, que cuenta la historia del hombre que, al respirar dormido, atraía con el aliento todo lo que era de metal.

De 1984 a 2008

En 1984 el premio se lo lleva el escritor nacido en Praga **Jaroslav Seifert** (1901-1986). Recriminado y discriminado por repudiar el sistema estalinista y unirse a la llamada «primavera de Praga» en 1968, es autor de un libro para niños: *La canción del manzano* (SM, 1985), ilustrado por su compatriota Josef Palecek, para niños a partir de los nueve años. Se trata de un poema narrativo muy devaluado, pues con la traducción ha perdido parte de su sonoridad y fuerza original, que, recorriendo las cuatro estaciones del año, hace una loa de las excelencias de la naturaleza y de la vida, y está ilustrado con tonos del estilo naif, con imágenes muy detallistas y minuciosas.

En 1989 se premia a otro español: **Camilo José Cela Trulock** (1916-2002). Retrata niños esperpénticos, obsesionados y maniáticos, en tres libros suyos para niños. *La bandada de palomas* (Labor, 1969; Alfaguara, 1987) es un relato al estilo de los viejos cuentos populares, no exento de mensaje y escrito con gracia y frescura. Cuenta la historia de la niña Esmeralda, hija de leñador y lavandera, que es pretendida por el mago y ogro Jamalajá, que la convierte en paloma por no acceder a sus deseos, así que, cuando su padre es nombrado alcalde, prohíbe cazar palomas y ordena plantar árboles para que se posen en ellos. En *Vocación de repartidor* (Debate, 1985), con acuarelas de Montse Ginesta, la historia «del séptimo cielo de las vocaciones que no se explican» cuenta las aventuras del niño Robertito, relimpio y repeinado, cuya mayor ilusión es hacerse amigo de dos niños repartidores de leche y, a pesar de los insultos que recibe, insiste y les persigue («es lo que más me gusta»). En *Las orejas del niño Raúl* (Debate, 1985; Fondo de Cultura, 2007), con acuarelas de Roser Capdevila, retrata al joven Raúl, obsesionado por sus orejas, y nada ni nadie era capaz de librarlo de tal obsesión.

En 1998, **José Saramago** (1922-2010) es el primer escritor en lengua portuguesa que recibe el premio. Autor de libros como *Ensayo sobre la ceguera*, *Todos los nombres* o *El hombre duplicado*, escribe para niños el cuento titulado *La flor más grande del mundo* (Alfaguara, 2001). El relato, para niños a partir de siete años, empieza con estas confidencias: «las historias para niños deben escribirse con palabras muy sencillas, y además es necesario tener habilidad para contar de una manera muy clara y muy explicada y una paciencia muy grande». Con óleos de Joao Caetano, a modo de collages que incluyen retratos del autor, la historia en estilo directo habla de un niño que salvó una flor y se convirtió en héroe y finaliza con esta declaración de humildad: «Me da mucha pena no saber contar historias para niños».

El autor francés **Jean-Marie Gustave Le Clézio** (Niza, 1940), Premio Nobel en 2008, tiene escritos dos libros para jóvenes; uno de ellos traducido al castellano en 1986: *Viaje al país de los árboles* (Altea), libro comprometido, ya descatalogado, fábula iniciática sobre el amor a la naturaleza y los miedos infantiles, con el tema recurrente en su literatura de los viajes, cuyo protagonista es un niño que se aburre y por ello decide viajar al país de los árboles y descubrir sus secretos.

Dos preguntas

Tras este repaso, cabe hacerse dos preguntas: ¿qué impulsó a estos autores a escribir este tipo de obras «menores»?; sus libros: ¿tuvieron éxito en su época?, ¿han permanecido en el tiempo?, ¿pueden equipararse a su obra para adultos?

La primera cuestión puede contestarse a partir de tres argumentaciones: respondiendo a decisiones editoriales por la popularidad del autor, a planteamientos familiares o sociales o a planteamientos internos, desde el niño que fueron. Ya sabemos las explicaciones de Isaac B. Singer y sabemos que W. Faulkner escribió su obra como regalo para una niña en su octavo cumpleaños. José Saramago dijo de la escritura de su libro: «Me interesa conocer mi relación con ese niño que fui». Lagerloff escribió su libro como respuesta a una petición de las autoridades educativas y poco más podemos decir.

¿Siguen vigentes hoy estas historias? ¿Resistirán las más recientes el paso del tiempo? Si nos atenemos a las reediciones, pocas han permanecido en la memoria colectiva. Quizás la obra de Selma Lagerloff, por tratarse de un manual escolar, ha resistido bien las sucesivas ediciones, o así ha ocurrido también con algunas obras de Singer, por tratarse de cuentos de carácter popular, siempre vigentes.

¿Literatura adaptada o adoptada?

Con el loable afán de fomentar la lectura y poner los clásicos al alcance de los niños, ¿es conveniente y útil adaptar, reescribir, refundir o arreglar estos textos para ponerlos al alcance de los lectores que se inician?

En primer lugar, es cierto que tanto a favor como en contra de las adaptaciones han surgido todo tipo de argumentos. Siguiendo el esquema propuesto por **Marc Soriano**, más o menos son las siguientes:

- En contra: jurídicos (alterar el sentido o el texto significa degradar un monumento público); estéticos (una obra de arte es un organismo vivo que tiene su ritmo y su equilibrio; ¿quién decide qué episodio es esencial y cuál no lo es?); morales (se puede acostumbrar al lector a la pasividad y a lo fácil; ¿no sería mejor esperar algunos meses o años y ofrecerle el texto íntegro?).
- A favor: jurídicos (es obvio que no se debe alterar el texto de un artista, pero los libros se hicieron para el público y no el público para los libros); psicológicos (los niños necesitan, al menos durante cierto tiempo, obras de «consumación inmediata»; los libros que se le ofrecen no deben ser una pieza de museo sino una realidad viva); pedagógicos (más vale una versión reducida que nada).

El propio Soriano se decanta a favor de las adaptaciones, en principio porque dice que han existido desde siempre: las ilustraciones que sostienen la atención del niño, las notas y datos que permiten comprender mejor el curso de la acción, las listas que clasifican los libros por orden de dificultad o ciclos lectores o las traducciones que son a veces adaptaciones de un texto foráneo a la realidad del lector. Además, si *divulgar* es traducir los enunciados científicos a un lenguaje asequible para un mayor número de personas, *adaptar* es hacer lo mismo pero aplicable al terreno literario. Lo importante para él es crear un código deontológico del adaptador (el problema no es la adaptación, sino el adaptador), que más o menos quedaría así:

- debe ser anunciada en tapa y portada y debe estar firmada, y el adaptador ha de justificar cuáles son los principios y los métodos que rigieron su trabajo;
- debe estar regida por motivos pedagógicos válidos y no por razones comerciales, y ha de estar a cargo de un adaptador competente y profesional;
- debe excluir toda actividad de redacción o reescritura, y los resúmenes del adaptador deberán presentarse con una tipografía diferente.

Personalmente, estoy en contra de las adaptaciones por los argumentos antes expuestos, que me parecen más convincentes que los argumentos a favor y, además, porque pienso como **J. L. Borges** cuando decía: «si un libro le aburre, déjelo. O el libro no está a su altura, o usted no está todavía a la altura del libro». Es decir: en primer lugar, es el libro quien tiene que tirar del lector, el lector ha de crecer con el libro y no al revés; el arte no debe rebajarse a la mirada del receptor. Además, se ha de delegar en el propio lector, y no en alguien extraño a la obra, la exclusiva capacidad de adaptar la obra si le apetece, tal y como lo ve **Antonio Muñoz Molina** al referirse a la proliferación de «quijotes light»:

> Entre las potestades del lector, está siempre la de dejar un libro que no le gusta o saltarse un capitulo que le aburre y también la de disentir de las opiniones del autor o de los personajes. Es el lector quien abrevia los libros, quien los prolonga en su imaginación, quien los corrige en su memoria o en su olvido y los escribe de nuevo en la relectura.

También **Daniel Pennac** se pone en contra de las adaptaciones con estas palabras: «algo así como si yo me pusiera a dibujar de nuevo un Guernica bajo el pretexto de que Picasso metió allí demasiadas pinceladas para un ojo de doce o trece años». Y se reafirma en la tesis de Muñoz Molina al delegar la facultad de adaptación o de «saltarse las páginas» al propio lector: «Si tienen ganas de leer *Moby Dick* pero se desaniman ante las disquisiciones de Melville sobre el material y las técnicas de caza de la ballena, no es preciso que renuncien a su lectura, sino que se las salten». Y ello, dice, para evitar que otros se apoderen de «las grandes tijeras de la imbecilidad». **José María Carandell** decía al respecto: «las adaptaciones son una equivocación porque la literatura no es solo el tema o los personajes que trata, sino mucho más: el estilo y la riqueza del lenguaje, las técnicas narrativas y la imaginación creadora».

En segundo lugar, es un hecho histórico y evidente que los jóvenes nunca necesitaron de adaptaciones; siempre han realizado ellos mismos las adaptaciones de una manera espontánea y natural, pues cuando aún no existía una literatura escrita expresamente para ellos —hoy existe una LIJ de suficiente calidad como para hacer invisibles las adaptaciones— se apropiaron de obras concretas que se acercaban a sus centros de interés, leían lo que les interesaba, por lo que surgió así lo que **Denise Escarpit** llama «literatura adoptada», como es el caso de los libros de Julio Verne, por ejemplo. Además, se ha demostrado que los lectores que en la infancia han conocido una versión adaptada no vuelven ya a leer la obra en versión original, en principio porque queda en su subconsciente la imagen de que ya la han leído.

¿Cuál es, pues, el camino que hay que seguir? En principio, cabe ir educando progresivamente la sensibilidad literaria a través del contacto con buenas obras y educar en el silencio, el orden y la disciplina. Y seguidamente, hay que ofrecer tiempo y oportunidades, obras diversas y variadas, para que poco a poco los lectores se vayan decantando por la belleza. Otra cosa son las adaptaciones al cine de grandes obras literarias o las adaptaciones de cuentos clásicos o populares para darles una estructura oral, adaptaciones estas últimas que se han producido espontáneamente a lo largo de los siglos.

Cada narrador de una historia se convierte en el adaptador de esa historia en función de los oyentes. Los denominados cuentos populares son la perfecta expresión de adaptaciones sucesivas: del narrador al recopilador o viceversa, cada cual reinterpretándolo y transcribiéndolo a su manera. Perrault tomó la versión de *Caperucita* de la tradición popular, y a su vez los hermanos Grimm la reescribieron a partir de la versión perraultiana; las versiones populares que hoy se cuentan no son sino una mezcla de las versiones de ambos recopiladores. Es decir, los cuentos se han hecho populares porque se fueron depurando con el tiempo, limpiándose de decorados inútiles, hasta llegar a convertirse en «el único arte apropiado para la mente del niño», por las continuas adaptaciones y readaptaciones que durante siglos les han conferido ese espíritu tan particular.

Sara C. Bryant estipula unos principios generales de adaptación, tanto cuando se trata de acortar una narración demasiado larga, como cuando se quiere ampliar un relato demasiado corto. En el primer caso se deben eliminar los hechos secundarios y suprimir los personajes inútiles, las descripciones pormenorizadas. Para el segundo caso (ampliar un relato demasiado corto) se deben inventar detalles interesantes que no interfieran en la trama argumental. Y en cualquier caso —añade la autora norteamericana— es necesario conservar una continuidad lógica, un objeto único, un estilo sencillo y un desenlace bien preparado, así como el valor etnológico, la fuerza folclórica, la simbología profunda y las fórmulas populares de apertura y cierre. Además, siempre deben plantearse unas preguntas para las que debe tenerse una respuesta clara: ¿qué debemos suprimir?; ¿qué debemos conservar?; ¿cuáles son los acontecimientos que forman los eslabones imprescindibles de la cadena?; ¿qué parte del texto es pura descripción?

Una narración oral tiene unas reglas (cadencia, ritmo, tiempo, estilo, recursos fonéticos...), lo que quiere decir que hay textos que no se someten a las mismas, por lo que si deseamos hacerlos propicios a una narración oral debemos hacer en ellos unos arreglos o adaptaciones, que hagan referencia principalmente al manejo de la lengua y al argumento. En el manejo de la lengua, deben emplearse preferentemente palabras que puedan comprender y también palabras como recurso estilístico: onomatopeyas, aliteraciones, estribillos..., e incluso diminutivos que conllevan, generalmente, un matiz afectivo. En cuanto al argumento, hay que conferirle un estilo directo, una acción rápida y lineal, un cierto tono dramático y misterioso, sin olvidar el final feliz. Todo ello, teniendo en cuenta que el relato va a ser asimilado por el oído, menos receptivo y seguro que el ojo.

Generalmente, las causas por las que es necesario adaptar un cuento para hacerlo propicio a una narración en voz alta, son de cinco tipos: la duración no ha de ser excesiva, hay que provocar el interés por la palabra, hay que acercar al niño relatos de gran nivel literario, hay que transmitir la cultura de otras épocas, el mensaje y la simbología han de tener un valor especial.

Elena Fortún da unas pautas referentes a cuatro bloques: exposición, nudo, desenlace y rima. La exposición debe comenzar con las fórmulas típicas. Para el nudo deben adoptarse cuatro posturas: 1) adoptar un nombre o adjetivo o ambos para designar a las personas, animales o cosas y repetirlo tantas veces como sea necesario; 2) repetir también cuantas veces sean necesarias las frases significativas; 3) exagerar, porque el niño no admite términos medios: que el malo sea malísimo y el chiquitín como el dedo pulgar; 4) no cambiar jamás el nombre del personaje del cuento, que se adapta casi siempre al personaje que lo lleva (Pulgarcito porque era pequeño, Cenicienta porque vivía entre cenizas). Respecto al desenlace, la autora dice: «no tiene importancia la longitud, sino la exactitud», es decir, los personajes tienen que completear su ciclo vital: casarse, ser felices etc. Por ello, hay que terminar siempre con las palabras rituales: «y fueron felices y comieron perdices». En cuanto a la rima, los relatos para niños pequeños deben ser rimados, o por lo menos, conferir cierto ritmo a las frases clave, y ello porque el niño es muy sensible a la palabra rimada y por cuestiones de memorización. «El niño —dice— es muy sensible a la palabra rimada. Los primeros relatos debieron hacerse en versos fáciles, tal vez porque era más cómodo retener las palabras de ese modo, o porque la infancia de la literatura ha sido la poesía en todas las lenguas. A las frases del cuento que hayan de ser repetidas varias veces sería conveniente, en caso de que no estén rimadas, darles cierto ritmo para que el niño las aprenda con facilidad y por el gusto que muestra al oírlas».

Bestiario infantil.
La literatura, los animales y los niños

> *En una época estuve fascinado —quizá más aún que la mayoría de los niños— por la idea de los animales humanizados.*
> C. S. LEWIS

A lo largo de varias generaciones, el interés de los niños por la literatura donde los animales son protagonistas ha sido siempre predominante. Ejemplos clásicos como *La abeja Maya*, *Bambi* o *Babar*, o los más modernos como *El superzorro*, *Sapo y Sepo* o *Elmer* son prueba suficiente de lo que queremos demostrar. A partir de esta evidente cuestión, las preguntas que se nos ocurren en relación con este tema son varias: ¿por qué se da el interés de los niños por el género animalístico?, ¿qué animales pueden considerarse prototipitos del universo literario infantil?, ¿qué objetivos cumplen?, ¿qué animales han perdido protagonismo y cuáles han entrado a formar parte del bestiario?, ¿cuál es el género más adecuado para transmitir mensajes?, ¿qué ventajas tienen los protagonistas para los animales? A lo largo de este artículo intentaremos dar respuestas claras a estos interrogantes según la opinión de diferentes autoridades y expertos.

El interés por los animales

Jacqueline Held propone cuatro razonamientos para que podamos entender el interés de los niños por el mundo animal:

- Aventura: atracción de un mundo desconocido y misterioso, pero cercano.
- Proyección: los animales son el interlocutor ideal, presente cuando los padres están ocupados, siempre disponibles, espectadores y oyentes. Colman la ausencia adulta. **Piaget** pensaba que «los animales dan lugar a relaciones del mismo orden, y el niño tiene la impresión de ser a veces comprendido por ellos y a veces hacerse comprender».
- Los animales son el universo del placer sin restricciones, de la pereza y suciedad. Frente a un mundo adulto normalizador, el niño encuentra en el mundo animal una revancha y un refugio. **Freud** creía que «los animales deben una buena parte de la importancia de que gozan entre los niños a la manera desinhibidora que tienen de mostrar sus órganos sexuales al niño humano devorado por la curiosidad».
- Permiten transportar simbólicamente un cierto número de situaciones de la vida familiar, en especial de la situación de aprendizaje. Dice **Marc Soriano** que «tanto el artista como el niño se sirven de los animales para debatir algunas cuestiones fundamentales: las preguntas acerca de su propia animalidad y de su propia sexualidad y del grado y la significación que adquiere la socialización». Y añade: «Son esas las preguntas que se plantean los grandes animalistas, Kipling y London: ¿cómo conciliar esta brutalidad del instinto que llevamos dentro con las exigencias de la vida civilizada?».

O sea, en la génesis del animismo infantil o en el hecho de atribuir a objetos o animales cualidades humanas convergen causas tanto de orden individual o psicológico como de orden social, puesto que los niños se interesan por los animales porque los adultos se interesan también por ellos (la domesticación de los animales fue un primer paso y decisivo en el camino de la civilización). Y aunque «no es el niño quien está formado por la lengua», Piaget pensaba que el «lenguaje circundante» o la manera animista de hablar de los adultos ha influido en que el niño tome al pie de la letra las expresiones antropomórficas o artificialistas («el vapor trata de escapar»), mágicas («las nubes anuncian las lluvias»), y digamos también las zoomórficas («fuerte como un oso»).

Los autores y los animales

¿Y qué ventajas tiene para los autores el empleo de animales en sus narraciones? En primer lugar, la economía descriptiva, o descripción que viene ya otorgada por su sola personalidad, sin necesidad de adjetivaciones. En segundo lugar, puede servir de mediador entre la realidad del mundo y el niño lector o mantener la distancia entre el lector y una historia especialmente transgresora. O, en expresión de **A. R. Almodóvar**, se trata de un «recurso para que el hombre hable de sí mismo pero de manera indirecta».

Así es como se han trasladado a los animales vicios o defectos considerados propios de los humanos: la tozudez del burro, la perfidia de la serpiente, la astucia del zorro, la presunción del león, el liderazgo del gallo…

Los géneros

¿Qué género parece el más adecuado para transmitir esas enseñanzas? Desde siempre, las fábulas fueron un recurso muy utilizado en la educación de los jóvenes, aunque muchos autores se han preguntado si resultan comprensibles y adecuadas para esta educación. Rousseau, Lamartine y Paul Eluard, entre otros, arremeten contra ellas, porque pensaban que contenían una enseñanza pseudocientífica y los niños tomaban partido, casi siempre, contrariamente al ánimo del fabulista.

Jesualdo propone unas condiciones antes de dejarlas al alcance de los niños: concepto claro y concreto; sobriedad narrativa; lenguaje depurado de toda terminología vaga o abstracta; y una muy velada proposición moral que se ha de desprender por sí sola del propio desarrollo de la fábula, antes incluso que el resumen final. El hecho de contener una moraleja final, a modo de compendio, da a entender que el mensaje que se intenta transmitir no queda del todo claro.

Marc Soriano cree que, a pesar de ser cierto lo anterior, siguen teniendo ventajas: hablan de animales y además se trata de obras breves, densas, elaboradas según métodos que no tienen nada que envidiar a las técnicas de vanguardia: diálogos vivaces, suspense, acción de desarrollo rápido…

Posiblemente sea la educación a través de los cuentos populares o clásicos con protagonistas animales donde la transmisión sea más efectiva. Según las experiencias de **Bruno Bettelheim**, en estas historias cada animal está en íntima conexión con alguno de los tres aspectos de la personalidad que Freud sintetizó: el ello o impulsos instintivos, el yo o racionalidad y el superyó o conciencia. Así por ejemplo, el lobo o los animales peligrosos, representan el ello sin el control del yo. Y también la rana, que vive bajo el agua y emerge, representa el sexo por su carácter viscoso y por su capacidad de hincharse. El yo lo escenifican los perros, y el superyó, los pájaros, porque pueden elevarse muy alto (hay que recordar cómo la paloma blanca es el símbolo religioso cristiano que representa al Espíritu Santo, puesto que la mayoría de los cuentos han incorporado elementos de tradición cristiana).

Tendencias actuales

¿Y cuáles son las modas o tendencias en la LIJ actual o nueva literatura? Siguiendo a **Teresa Colomer**, podemos deducir tres corrientes:

- Introducción de nuevos tipos de animales que responden a un deseo de exotismo o al dictado de las ideas ecologistas tan en boga. Serpientes, cocodrilos, jirafas, babosas… han comenzado a entrar en la narrativa infantil a pesar de las connotaciones de peligro o asco que algunos de ellos han soportado hasta ahora, o precisamente a causa de ello.
- Cambiar los papeles tradicionalmente asignados a determinados animales o intento de desmitificación: el lobo bueno, el toro pacifista, el buitre honrado…
- Mezcla, en un plano de igualdad y cohabitación, de animales tradicionalmente antagonistas o de difícil convivencia: tigre y oso, oso y ratón, perro y cerdo… En los cuentos tradicionales, la característica era el enfrentamiento entre animales, con la victoria del más próximo al hombre por razones obvias.

J. Held analiza la función de animales exóticos en los cuentos actuales para niños. El hipopótamo presenta el mismo tipo de atracción que el cerdo: la libertad de ensuciarse; además, encarna la fascinación del lenguaje: «el niño ya tiene, nada más que con pronunciarla, la impresión de una transmutación mágica» Y añade: «el hipopótamo, animal gordo, patán, toca en el niño preocupaciones muy profundas. Todo cuanto concierne a su propia talla, a la relaciones de talla en general (grande, pequeño; gordo, flaco), despierta en el niño resonancias infinitas».

A. R. Almodóvar expresa que los pájaros están cargados de sueños y encarnan la nostalgia de volar, «la añoranza de lo imposible». Los animales marinos, como la ballena, representan un mundo fascinante, misterioso. Y respecto a las arañas, añade: «la visión de la araña como personaje maléfico es, quizás, más un dato sociológico adulto y transmitido por los adultos que una reacción espontánea del niño».

Para **M. Soriano**, el éxito de los dinosaurios se explica por la necesidad que tienen los chicos de experimentar miedo y de que, a la vez, los tranquilicen y les den confianza. Saben que estos animales gigantes han existido y han desaparecido después, con lo cual pueden utilizarse ventajosamente en reemplazo de los ogros de otros tiempos.

Colofón

Es tanta la importancia de colocar animales en los libros infantiles que **Paul Hazard** daba el siguiente consejo a todos los que pretendían escribir para niños: «todo aspirante al éxito en materia de literatura infantil debe visitar un jardín zoológico al menos una vez al año».

Libros malditos.
Breve historia de la censura en la literatura infantil y juvenil

Nunca debe subestimarse el poder de los libros.
PAUL AUSTER

En *Los libros arden mal* (Punto de lectura, 2007) se inserta una nota de **Manuel Rivas** aparecida en el diario *El Ideal Gallego* del 19 de agosto de 1939 y referente a la quema de libros en La Coruña: «A la orilla del mar, para que se lleve los restos de tanta podredumbre y de tanta miseria, la Falange está quemando montones de libros».

Este acontecimiento represivo y censor no es único en España. **Ana María Matute** recuerda lo absurdo de las censuras con estas palabras:[1]

---

1. Gazarian, M. L. (1997). *Ana María Matute: la voz del silencio*. Madrid: Espasa.

La censura tenía oprimidos a los escritores. En una ocasión, a un escritor le tacharon las frases en que describía cómo una muchacha se levantaba y se ponía las medias. No sé qué verían en esas medias aquellos ojos podridos, pero se lo tacharon. Y al lado escribieron el siguiente comentario: «la mujer española, lo primero que hace al levantarse es rezar». Había que rezar sin medias, aunque una se helara de frío. Eso era igual, primero era la moral.

Ejercicios similares se han representado en diferentes países y épocas a lo largo de los siglos. Basta recordar algunos ejemplos de la mano de **Alberto Manguel** (1998): Calígula ordenó quemar todos los libros de Homero, Virgilio y Tito Livio; en 1981, la junta militar presidida por Pinochet prohibió en Chile la lectura de *El Quijote* porque se creía que contenía un alegato en defensa de la libertad personal y un ataque contra la autoridad convencional; y durante el régimen de Pol Pot en Camboya, se asesinaba a los que llevaban gafas porque se suponía que sabían leer.

¿Y qué podemos decir al respecto sobre la literatura infantil y juvenil? Sin duda, como señala **Spink** (1990), puede afirmarse con exactitud que «hay pocos sectores culturales que hayan padecido una censura tan grande como el sector de los libros para niños y jóvenes». O dicho de otra manera: «durante los primeros siglos de la literatura infantil, los horribles gemelos Moraleja y Enseñanza acecharon con arrogancia en casi todos los cuentos». Es decir, todo lo que no pasara por el cedazo de la moral, de lo políticamente correcto, lo que no tuviera como fin último, como objetivo final enseñar «cosas útiles» sufría las furibundas críticas de los intermediarios, de los adultos en general, que se convertían en árbitros de lo que convenía o no convenía leer a sus vástagos, e imponían sus propios gustos a los gustos de los lectores jóvenes.

Paul Hazard (1977) refleja la conspiración adulta con estas palabras: «nuestros hijos saben leer y son ya mayorcitos; he aquí que ya nos piden libros: aprovechemos, pues, su apetencia y su curiosidad. Simulemos edificar los mágicos castillos que los encantan, pero a nuestro modo, pues la auténtica sabiduría es patrimonio nuestro. En sus palacios pondremos aulas, muy bien disimuladas; en sus jardines sembraremos las legumbres que los niños creerán flores... Como son unos ingenuos, apenas lo notarán, y creyendo divertirse, desde la mañana hasta la noche, aprenderán, en realidad, cosas útiles». Conspiración de la que no se libró «el único anarquista triunfante que los tiempos han consentido», es decir, Guillermo, que, a pesar de todo y en palabras de **Fernando Savater** (1976), «fue asesinado en plena juventud por los contrarrevolucionarios».

Fueron los llamados cuentos clásicos, de hadas o populares los primeros en sufrir críticas atroces bajo el pretexto de su supuesta crueldad y violencia. En primer lugar, no se tenía en cuenta que en su origen llevaban prendida de manera larvada la mofa contra los poderes dominantes y que fueron edulcorados por los intermediarios, que se veían en la obligación de ser condescendientes con quienes les pagaban por recitar o representar. Y en segundo lugar, lo que en el fondo pretendían era transmitir el mensaje de que la maldad o supuesta violencia, representada en brujas u ogros, y si se lucha contra ella con decisión y valentía, siempre es derrotada; además, el final feliz siempre aliviaba de las tensiones generadas. Caperucita Roja, por ejemplo, el único cuento clásico en la versión de Perrault que no tiene final feliz, fue reinterpretado por los hermanos Grimm, y reescrito con un final feliz y la presencia de un cazador —símbolo de la figura paterna— que la salva in extremis del lobo feroz.

Uno de los primeros libros que sufrió las iras furibundas de los adultos, fue, ya en 1865, *Max y Moritz*, precedente de los cómics, obra escrita e ilustrada por el alemán **W. Busch** de la que un crítico de la época afirmó: «las a primera vista tan inofensivas y divertidas caricaturas de los gemelos Max y Moritz son uno de los venenos más peligrosos que hacen a la juventud actual tan indiscreta, rebelde y frívola, como es la queja general». Y eso que los gemelos, al final, en castigo a sus travesuras, terminaban convertidos en harina para evitar imitaciones o emulaciones.

Tampoco *Tom Sawyer* y *Huckleberry Finn*, obras cumbre del norteamericano **Mark Twain** se libraron de la fusta de la crítica. Algunas conciencias se escandalizaban con las andanzas de estos personajes que campaban a sus anchas: hacían frecuentes novillos, fumaban a escondidas, mentían, robaban, decían palabrotas… Las censuras llegaron a tal extremo, que el propio autor se vio en la necesidad de replicar a quienes dudaban de la moralidad de sus libros con estas irónicas palabras: «estos libros no son peores que la Biblia que me obligaron a leer de pequeño». Louise May Alcott, la autora de *Mujercitas*, recibió así la publicación de *Las aventuras de H. Finn*: «si ese es el libro que M. Twain piensa que tienen que leer los jóvenes norteamericanos, es mejor que deje de escribir». Sin embargo, en la actualidad, muchas universidades norteamericanas tienen la obra prohibida como lectura, a pesar de que el Premio Nobel **E. Hemingway** dijo de ella: «toda literatura norteamericana proviene de H. Finn. Esta es la mejor obra que hemos producido. Cualquier escritor norteamericano viene de ella. No había nada antes de esta obra; no ha habido tanta calidad después de ella». Tal vez esas críticas olvidaban que, efectivamente, el protagonista era «travieso, desobediente y mal estudiante, pero ejemplar», tal y como nos recuerda **José María Merino**, editor de la obra (Siruela, 2011).

También en Estados Unidos otros libros fueron víctimas de censuras: *Donde viven los monstruos*, de **Maurice Sendak**, fue rechazado por sus innovadoras ilustraciones, que rompían con los cánones clásicos, alegando que despertaban temores en los niños, cuando precisamente lo que pretendían era liberarlos de tales temores y miedos. Otro ingenuo libro infantil, *Ningún beso para mamá*, de **Tomi Ungerer**, fue víctima también de las iras de educadores y feministas, además de prohibirse su publicación y recibir el premio al peor libro infantil. Sobre el contenido del libro, el propio autor dice: «era un escándalo mostrar a un niño sentado en la taza del WC. Así que puedo decir que fui el primero que hizo saltar los tabúes mostrando gente que bebe alcohol, fuma o apesta a todos con sus puros».

Pero la lista de libros censurados en Estados Unidos no se detiene aquí. En 1980, los padres del condado de Hawkins (en Tennese) llevaron ante los tribunales a las escuelas públicas que leían los relatos de *La Cenicienta*, *Rizos de Oro* o *El mago de Oz*. En 1999, *Harry Potter* fue vetado en algunos estados; y en la lista están, asimismo, libros como *El guardián entre el centeno*, de **Salinger**, *Un mundo feliz*, de A. **Huxley** o *El color púrpura*, de Alice **Walker**.

Cabe recordar también que el diario *L'Observatore Romano* condenó la saga de H. Potter por considerarla una amenaza para los niños, al promover, supuestamente, la brujería y el ocultismo.

Antonio Muñoz Molina[2] reflexiona sobre este hecho de la siguiente manera:

> La literatura que se dirige a los niños está sometida a una censura y a una ortodoxia ideológica tan puntillosa como la de la China maoísta... El feminismo extremo se confunde o se conjura con el puritanismo religioso en un mismo delirio, de modo que se ha dado el caso de que se prohibieran en algunas bibliotecas los libros de aquella serie de «¿Dónde está Wally?» porque en uno de ellos, en medio de una de esas multitudes de seres atareados y diminutos que llena sus páginas, había un dibujo de una mujer con los

---

2. Muñoz Molina, A. (1999). «La Santa Inquisición». *El País Semanal*, n.º 1209, 28 de noviembre.

pechos al aire, detalle en el que sin duda solo podía reparar un fanático religioso obsesionado con el sexo.

En la vieja Europa, las cosas tampoco estaban mejor. Algunos de los libros del autor alemán **Erich Kastner** como *La conferencia de los animales* o *El 35 de mayo* fueron quemados por los nazis en 1933 por las veladas alusiones políticas y críticas al militarismo. La obra *Pippa Mediaslargas*, de la autora sueca **Astrid Lindgren**, fue desde el primer momento amada apasionadamente por los niños y odiada con la misma pasión por los adultos —recuérdese la polémica que la película basada en sus aventuras planteó en España—. Pippa, una niña que vivía sola, que no iba a la escuela, que disponía de mucho dinero y vestía de forma extravagante no era supuestamente el modelo adecuado para lecturas infantiles, por lo que el libro tuvo problemas para encontrar editor. La propia autora, conocedora de lo que el libro representaba para la época, se autoinculpa en una carta de presentación a la editorial, «con la esperanza de que no informen a la Oficina de Protección del Menor». Y no era para tanto, porque lo único que hace el libro es «llenar todas las ansias de los oprimidos corazones infantiles, liberar fuerzas benignas en el lector», tal y como apostilla **B. Hurlimann** (1968).

Más recientemente, los libros del británico **R. Dahl** han rozado también los límites de lo políticamente correcto. Su tratamiento iconoclasta del mundo adulto lo hace sospechoso para los críticos; no así para los lectores jóvenes, porque su estilo consiste, precisamente, en «conspirar con los niños contra los adultos». Conspiraciones tales como retratar tías, abuelas, padres o directoras maltratadoras y despóticas que reciben por ello su merecido castigo, o presentar personajes lejanos al prototipo ideal: una abuela fumadora de puros que invita a su nieto a dar caladitas o que consiente en que este no se lave, un zorro ladrón, etc.

Tal vez estas censuras no hubieran acontecido si se hubiera comprendido a tiempo que los niños leen, por su falta de experiencia, de diferente manera a como leen los adultos, hecho singular que nos recuerda **Sheldon Cashdan** (2000) con estas palabras: «donde los adultos ven la cabeza de un ogro cortada, los niños solo ven que la historia ha tenido su fin». Además, si se hubiera entendido que toda literatura, por definición, debe ser polémica y subversiva, «toda narración debe ser amoral, como lo es su propio objeto: la evocación de un acontecer… La novela moral es literariamente inmoral en la medida en que la intención bastarda se interfiere con la intención legítima; esto es, en la medida en que para servir a la ejemplaridad siempre se manipulan de uno u otro modo los acontecimientos».³

Pero, por suerte, los tiempos están cambiando y, posiblemente, los contrarrevolucionarios se batan en retirada. La literatura autoritaria y ejemplarizante que proponen no tiene razón de ser. «Tal vez los niños de antaño —dice el citado Paul Hazard— aceptaran sin protesta los libros que se ponían en sus manos, por aburridos que fuesen; eran entonces más fáciles de contentar o acaso mejor educados; pero hoy, para gustarles, ante todo tenéis que aceptar su ley». Y su ley pasa precisamente por dar la vuelta a la tortilla literaria, por la caída de muchos tabúes que tradicionalmente, siguiendo al profesor Marc Soriano (1995), afectaban a cuatro áreas: la sexualidad, la religión, la familia, y los temas de la sociedad contemporánea (droga, violencia, guerra, paro...). Porque, en realidad, ¿se trata de preservar el paraíso de la infancia o de darles a conocer tempranamente los problemas del mundo?

Las claves de Andersen

> *Mi vida es un bello cuento. ¡Tan rica y dichosa!*
> HANS CHRISTIAN ANDERSEN

Su vida

Hans Christian Andersen nació en Odense (Dinamarca), ciudad que hoy tiene 185.000 habitantes y que el 2 de abril de 1805, fecha del nacimiento del autor, contaba con aproximadamente cinco mil. Su padre, Hans Andersen, fue un humilde zapatero, que tenía 22 años cuando nació el autor, y se sentía frustrado por no haber podido estudiar, aunque estaba dotado de gran sensibilidad y talento literario. Este era aficionado a la lectura, partidario de las ideas napoleónicas e hijo de una familia de campesinos arruinados, cuyo padre había enloquecido. Según Andersen, su padre «no fue feliz ni en su trabajo ni en su vida». Su madre, Marie Andersdatter, melancólica y supersticiosa, de diez a

---

3. Collodi, C. (1983). *Las aventuras de Pinocho*. (Prólogo de R. Sánchez Ferlosio) Madrid: Alianza Editorial.

quince años mayor que su marido, tenía ya una hija, a quien el autor describe como de «gran corazón». Era lavandera y de niña sus padres la habían obligado a mendigar; hecho que el autor refleja en cuentos como *La pequeña cerillera.*

Andersen fue un niño tímido, solitario y soñador, cuyo pasatiempo favorito consistía en jugar con un teatrillo de títeres o diferentes juguetes que su padre le había construido, o en jugar a poner ropa a los muñecos y escuchar los cuentos e historias que su padre le contaba. En su Odense natal tenía fama de extravagante y raro. De su padre heredó la melancolía y la sensibilidad creativa y de su madre, la grandeza de corazón y la bondad ingenua.

Su padre fallece cuando el autor contaba once años, hecho que le marcó muy profundamente, y su madre se vuelve a casar con otro zapatero, pero, aunque el autor nada dice en los numerosos datos autobiográficos que se conservan, terminó sus días alcohólica en un asilo.

El niño Andersen entra como aprendiz en una fábrica de paños, donde entretenía a los trabajadores cantando, pues tenía una bella voz de soprano que conservó hasta los quince años. Pronto abandonó este trabajo, porque, dado su carácter, no soportaba las bromas pesadas y el ambiente soez de los empleados.

Su gran obsesión era dedicarse al teatro, como actor, como autor o como cantante; por ello, en 1819, a los catorce años, obtiene el permiso de su madre para marcharse a la capital, Copenhague, a probar fortuna, a pesar de que lo que ella deseaba para su hijo era que aprendiese un buen oficio, como era el de sastre («el patito feo abandona el gallinero para salir al encuentro del duro invierno»).

Lo primero que hizo después de instalarse en una fonda fue ir a visitar un teatro. Llega a interpretar algún papel secundario y, cuando el dinero escasea, con una mezcla de ingenuidad y de confianza en sí mismo, no duda en ofrecerse a personajes como Siboni, un italiano por entonces director del Real Conservatorio de Música, o presentarse ante el compositor Weyse o ante el poeta Guldberg. Sorprendidos estos por la audacia de aquel extraño joven que cantaba y recitaba, tiene la suerte de que le asignen una cantidad mensual de dinero, lo que le permite subsistir. Con otros personajes no tiene tanto éxito, pues o bien le ignoran, le rechazan o se burlan.

Comienza pronto a escribir algunas obras dramáticas con el fin de obtener algún dinero, a pesar de que por entonces, dada su ausencia de formación, lo hacía con muchas faltas de ortografía, pero no obtiene el reconocimiento que esperaba. Su suerte cambia cuando visita a Jonás Collin, mecenas y consejero privado del rey Federico VI, que le concede una pensión para su sustento y una beca para ingresar en un instituto donde pueda cursar estudios (1822). «Un padre no hubiera podido hacer por mí más de lo que él ha hecho», escribe el poeta. En este centro, Andersen lo pasa muy mal, tanto por sus problemas con algunas materias como por la relación con otros alumnos y por la actitud del rector, que disfrutaba con humillarlo constantemente. Después de varios intentos de publicar, es en 1835 cuando comienza a escribir sus cuentos y a tener el éxito que tanto deseaba.

No se le conoce ninguna relación sentimental, en parte por su carácter retraído, por su aspecto desgarbado —en varias ocasiones se queja de cómo se burlaban de su físico—, por su infantilismo y, en parte también, porque sus intereses apuntaban muy alto, hacia una clase social que no terminaba de aceptarlo. Su primer fracaso amoroso lo tiene en 1830, cuando su enamorada termina casándose con otro (hecho que sin duda le dejará huella) y con otras amistades femeninas, como la famosa cantante sueca Jenny Lind, de la que dice que «eran como hermanos».

Andersen fue siempre una personalidad solitaria e insatisfecha, que se quejaba constantemente de que no era reconocido en su país. La más pequeña crítica le afectaba muchísimo, a pesar de que gozó de la amistad de grandes personajes de la época (Charles Dickens fue el más importante, aunque también conoció a Dumas, Victor Hugo o a los hermanos Grimm; viajó con Goethe, y el compositor Franz Liszt lo invitó a uno de sus conciertos) y de que trató personalmente a cuatro reyes: Federico VI, Christian VIII, Federico VII y Christian IX, que le invitaban a menudo y a quienes leía sus cuentos.

Si hubiera que definir la personalidad de Andersen en dos palabras, diríamos que era un espíritu contradictorio e inseguro. Estaba necesitado de afecto, de cariño y de reconocimiento social, pero su carácter esquivo y vanidoso le impedían conseguirlo. Le gustaba la adulación y la fama («mi alma ambiciona los honores», anotó ya en su diario adolescente), y le acusan de lisonjas y halagos con los poderosos, a los que, sin embargo, critica y pone en evidencia en muchos de sus relatos. Un ejemplo de la vanidad y del gusto por la ostentación, del deseo de pasar a la inmortalidad, lo demuestra el hecho de que fue uno de los personajes de la época que más se dejó fotografiar —además de uno de los que más cartas escribió—, muchas veces en actitudes teatrales y pomposas. Además, en sus numerosos apuntes autobiográficos, oculta datos de su vida, como que su hermanastra vagaba por Copenhague dedicada a la mendicidad y a la prostitución.

También fue un gran viajero, uno de los escritores más viajeros de su tiempo; tal vez huía así de las críticas recibidas en su país, de sí mismo o lo hacía como refugio de su vanidad. Viajó a Alemania, donde se encuentra con el poeta Chamisso; a Italia en dos ocasiones, y a España en 1862, acompañado por el nieto de su protector Jonás Collin. Las experiencias de su paso por España están contadas en su libro *Viaje por España*, donde describe sus breves encuentros con intelectuales de la época, como el duque de Rivas o Hartzenbusch, y se queja del escaso conocimiento que se tenía de su obra y del pobre recibimiento dispensado, aunque se deja fascinar por las costumbres y los monumentos.

Andersen fallece el 4 de agosto de 1875 en Copenhague, en el hogar de una familia amiga, solo y sin casa propia, aunque con la alegría de sentirse reconocido socialmente, pues ya en el año 1867 se le hace un homenaje popular y festivo en su ciudad natal. Hoy, del pobre niño de Odense, nos queda el recuerdo de su poderosa imaginación creativa, de sus eternos y hermosos cuentos en los que podemos rastrear también la huella de su azarosa vida. Cuentos que no escribió pensando en los niños, aunque le gustara entretenerlos narrándoselos a viva voz, pero de los que los niños supieron apropiarse, y por eso se hicieron universales. Andersen fue, en fin, «un gran artista para adultos que solo se brinda por completo cuando escribe para los niños».

Sus cuentos

Pretendemos aquí indagar en las claves internas que encierran los cuentos del autor danés —escribió unos 156 cuentos aproximadamente, aparte de dramas, poesía, novela y libros de viajes—, en los motivos vitales que le impulsaron a escribir.

Hay tres características principales y personalísimas en los cuentos de Andersen: el motivo autobiográfico, el final triste y el dotar de vida a las cosas inanimadas. Pero sus cuentos también encierran otros motivos que es preciso conocer y que pretendemos dar a conocer a continuación, porque conocer la obra de Andersen es penetrar también en su vida, en su modo de pensar y de ser.

Carácter autobiográfico

Un crítico danés, según refiere **Carmen Posadas**, dijo que Andersen pintó más retratos de sí mismo que Rembrandt. Efectivamente, del mismo modo que fue uno de los personajes públicos más retratados de su época y uno de los que más correspondencia mantuvo, en muchos de sus cuentos podemos rastrear datos de su vida, siempre bajo la premisa de «el ser diferente que anhela ser aceptado». En este sentido, los cuentos más representativos, quizás los más interesantes y conocidos que escribió, son, por ejemplo: *El patito feo*, *El hijo del portero*, *El cometa*, *La tonta de verano*, *Lo que se puede imaginar*, *La sirenita*, *El soldadito de plomo*, *Tía Dolor de Muelas* (que refiere los últimos años de la vida del escritor, cuando perdió todos los dientes) o *La pequeña cerillera*, que es un homenaje a la dura infancia de la madre del autor, como ya hemos mencionado.

Dotar de vida a los seres inertes

Es bien cierto que esta característica ya la tenían los cuentos de carácter popular, pero lo que hace Andersen es llevarla a los cuentos literarios, a los relatos creativos y de su invención. Este arte fue imitado a posteriori por toda la literatura juvenil; el ejemplo más claro de ello es el adoptado por Carlo Collodi para su libro *Pinocho*. Otros ejemplos con esta característica son: *La aguja de zurcir*, *Los saltarines*, *La pastora y el deshollinador*, *La farola vieja*, *El soldadito de plomo*, *El cuello*, *La alcancía*.

Final triste

Buena parte de los cuentos tienen un desenlace triste, finalizan incluso con la muerte del protagonista, o bien, siendo la muerte la protagonista. Andersen reflejaba las circunstancias de la época que le tocó vivir, y era habitual por entonces el sufrimiento de los niños, sobre todo si pertenecían a las clases más bajas de la sociedad, como es el caso de los protagonistas de la obra del autor. Debe recordarse, asimismo, que el autor nunca fue feliz, nunca encontró la paz y la felicidad que tanto anhelaba. «¿Tal vez sus personajes son inolvidables por lo que sufrieron?», se pregunta **Gustavo Martín Garzo**, quién añade: «Ninguna historia realmente interesante puede prescindir de la muerte, como ninguna historia que aspira a conmovernos puede prescindir del amor». Por eso amor y muerte van unidos en historias tan conmovedoras como *La sirenita* o *El soldadito de plomo*. En *Historia de una madre* se refleja un diálogo entre una madre y la muerte ante un niño que agoniza y *En el día postrero* se enfrentan la muerte y un creyente. «El reino de los cuentos es el reino de la soledad y la exclusión», afirma el citado Martín Garzo.

Fascinación por el progreso técnico

Andersen refleja en algunos de sus cuentos la fascinación que le producían algunos avances tecnológicos que se empezaban a producir en toda Europa. «Andersen está —dice **Bettina Hurlimann**— en el centro exacto entre la época del Romanticismo y la de la técnica. El primero le daba profundidad, lo inspiraba y lo enriquecía; el segundo le producía júbilo.» Representativos de esta tendencia son cuentos como *La gran serpiente marina*, *La dríada*, *La gota de agua*, *Vaeno y Galeno*, *El libro de estampas del abuelo* o *Dentro de miles de años*.

Los viajes

Andersen fue un gran viajero; conocer mundos le apasionaba. Se puede afirmar que fue uno de los autores que más viajó de su época, y dejaba siempre constancia de sus viajes por escrito, como es el caso de *Viaje por España*. «Los viajes fueron para mí la mejor escuela», dijo. Muchos de sus cuentos tocan el tema de los viajes, y no es de extrañar que las cigüeñas viajeras y experimentadas fueran sus animales favoritos. Cuentos representativos de esta tendencia son *El sapo*, *La tetera* y *La sombra*.

Recreaciones populares

Andersen también adopta cuentos de la tradición popular, y los recrea a su estilo. Hay que decir que siente admiración por los hermanos Grimm, a los que visita en su casa de Alemania, y también que en su época el cuento está en su mayoría de edad. Baste recordar la cantidad de autores de cuentos que fueron coetáneos suyos: Poe, Hoffmann, Maupassant, Chéjov etc. Así, tomando como modelo un cuento de ellos, como es *La bella durmiente*, escribe su relato *El jardín del Edén*. También toma historias de *Las mil y una noches* en su cuento *Claus grande y Claus chico*, o de *El Conde Lucanor*, como en *El traje nuevo del emperador*, que escribió tras su viaje a España. Hay otras historias también tomadas de relatos populares, como ocurre con *La princesa del guisante*, *El compañero de viaje*…

La naturaleza

Como todos los románticos, Andersen tiene la naturaleza como motivo central de sus relatos. «Paisaje, mares y ríos son el telón de fondo de sus cuentos», nos confirma Bettina Hurlimann. Además, no es extraño en un autor que vive en un país donde la naturaleza agreste forma parte del quehacer cotidiano. Pueden buscarse huellas de esta tendencia en cuentos como *Los vecinos*, *La familia feliz*, *¡Es verdad!*, *Hay diferencias*, *Sopa de palo de salchicha*...

Espíritu religioso

Andersen fue un personaje imbuido de una gran fe. En su autobiografía pueden encontrarse numerosas citas que aluden a este talante religioso del autor. «Me aferraba a Dios con toda la confianza de un hijo para con su padre»; «Tenía una fe ciega en que Dios no podía dejarme de su mano»; «Hasta las cosas más ínfimas llevan un hilo invisible que dice que pertenecemos a Dios»... Es obvio, por tanto, que sus cuentos llevan esa fe ciega: *La rosa más bella del mundo*, *Algo*, *En el día postrero*, *Una hoja del cielo*, *Una historia* (cuento del que dice **José María Merino** que «tiene más que ver con un breviario piadoso que con un libro de cuentos») o *La muchacha judía* (del que el propio Merino vuelve a decir que «se sale de lo literario para entrar en el proselitismo»).

El humor

Andersen decía que el humor era la sal de sus cuentos. Precisamente ese humor, a modo de fina ironía («mezcla de burla y sentimentalismo», como dice **Graciela Montes**) es lo que ha hecho universales y eternos a sus cuentos y son el antídoto eficaz contra su melancolía y sentimentalismo.

No sexismo

Andersen es hijo de su tiempo, vive en una sociedad donde las mujeres no desempeñaban papel alguno. No era un misógino, pero no se le conoció ninguna relación sentimental y murió soltero después de varios amores platónicos. Sin embargo, en algunos de sus cuentos, las protagonistas son niñas que arriesgan su vida para salvar a un niño o que triunfan merced a su talento, como ocurre en *La reina de las nieves* o *Bajo el sauce*.

CAPÍTULO II
Bibliotecas escolares

> *Una biblioteca es una especie de gabinete mágico. En ese gabinete están encantados los mejores espíritus de la humanidad.*
>
> J. L. Borges

Por qué no funcionan las bibliotecas escolares

Esta es una pregunta para la que he estado intentado encontrar respuestas convincentes durante años y para la cual aún no tengo la solución concluyente. Si todos los expertos consideran fundamental la lectura para el desarrollo de cualquier proceso curricular y la biblioteca una pieza clave para la consolidación de este proceso —y está demostrado que los índices de lectura aumentan a poco que la biblioteca escolar funcione— (**Mata**, 2008), ¿por qué entonces no funcionan a pleno rendimiento las bibliotecas escolares? Si ya en el Congreso Nacional de Pedagogía de 1882, Manuel Bartolomé Cossío hace referencia por primera vez a la biblioteca escolar y a su importancia (**Camacho**, 2004) y si se presupone a todos los responsables o «altos cargos» de todas las administraciones educativas cierto nivel cultural o, al menos, interés lector: ¿por qué no se ha hecho nada por las mismas desde entonces?, ¿o es precisamente el desinterés cultural y la poca motivación lectora de esos «altos cargos» lo que nos ha llevado a esta situación?

Estoy seguro de que no son cuestiones económicas las que planean sobre el tema, puesto que observamos con estupor que los excesos abundan en las diferentes administraciones y que reina lo que **A. Muñoz Molina** llama «la política del parasitismo y el despilfarro». Tampoco pienso que sea —y deseo ser optimista— una cuestión política, es decir, que a las clases dirigentes les interesen más «súbditos leedores» que «ciudadanos lectores» y por ende, libres. La clave de la cuestión radica más bien en planteamientos de orden histórico, sociológico, pedagógico e incluso religioso (**Michel Bréal** afirma al respecto que «el catolicismo no solo reemplaza el libro por el rosario, sino que hace elogio de la santa ignorancia»), que intentaremos esclarecer.

Los fondos fundamentales de una biblioteca escolar —al menos en centros de primaria— están constituidos por libros infantiles y juveniles, bien sea de ficción o documentales, lo cual viene a decir que tanto la falta de tradición en España de este tipo de «literatura», como la nula formación de los maestros en este campo ponen al descubierto una de las causas de la escasa preocupación por las bibliotecas escolares y, además, su falta de demanda por los profesionales de la educación, que es uno de los problemas más preocupantes. Se ha llegado así a toda una generación de docentes que se han diplomado o licenciado sin pisar una biblioteca, sin conocer los mecanismos de su funcionamiento, aprobando, tal y como afirmaba el profesor **Grande Covián**, con «unos apuntitos de nada».

Íntimamente relacionado con esto, es importante resaltar la penuria y escasez de bibliotecas públicas que históricamente hemos padecido, lo que estoy seguro que ha determinado que el índice de lectores en España esté muy por debajo de los parámetros que se manejan en Europa. Sin olvidar el veto, la censura y la persecución de que fue objeto el libro hasta épocas recientes. **Pedro Salinas** (1986) nos lo recuerda con estas palabras:

> Recuerdo yo, mozo español de principios de siglo, el curioso entrevero de sentimientos que me sobrecogía al penetrar en esos oficiales recintos, las bibliotecas de mi país. Me llamaban, con sus voces mudas, los miles de libros que yo suponía allí guardados, esperándome con sus variadas delicias. Mas, apenas entrado este aspirante a lector en las inhóspitas cámaras bibliotecarias, le empezaba el enfriamiento de su entusiasmo, porque una cierta omnipresente frialdad, emanada de los muros, de los techos, de las personas, se apoderaba de él y le hacía sentirse forastero. Todo ajeno, cerrado, hostil en aquel mundo donde él iba a buscar intimidad, ancha y generosa compañía.

La escuela multifuncional o la multiplicidad de objetivos que se asignan a la misma —u objetivos cambiantes en función de la actualidad— sin que ninguno ni sea prioritario ni llegue a cumplirse es otra de las causas que conspiran a favor de la precariedad de las bibliotecas escolares; enseñanza, por cierto, basada en el absolutismo total del libro de texto, que entra así en rivalidad o contradicción con la esencia misma de la biblioteca escolar. Por decirlo con palabras de **Ramón Salaberría** (2007), «libro de texto mata biblioteca, o, dicho de otra manera, a más libros de texto y apuntes, menos biblioteca».

Pero además, las continuas reformas y contrarreformas del sistema educativo, los planes impuestos sin ningún tipo de consenso, las campañas de lectura mal diseñadas y poco efectivas, la descentralización, la progresiva burocratización y politización de la enseñanza, la penuria de recursos económicos han llevado al desencanto docente; lo que, sin duda, ha arrastrado consigo el «desencanto bibliotecario».

Por qué necesitamos las bibliotecas escolares

En su imprescindible *Manual de bibliotecas*, **Manuel Carrión** (1987) afirma que «la función de la biblioteca coincide en última instancia con la de la lectura: diversión, formación, información». También **Marc Soriano** (1995) redunda en lo mismo cuando dice que «el objetivo fundamental de la biblioteca debe ser el de despertar el gusto por la lectura». No obstante, a este objetivo fundamental, que comparto plenamente, debe añadirse otra serie de funciones tan importantes como las anteriores y que justifican la necesidad de dedicar esfuerzos y recursos a las mismas. Podemos agruparlas en tres bloques: sociales, pedagógicos y psicológicos.

Veamos en primer lugar los beneficios para los usuarios. Una buena biblioteca escolar consolida el principio de la igualdad de oportunidades, puesto que todos los alumnos tienen el acceso libre a todos los fondos de manera igualitaria. Este aspecto tan prioritario y democrático es la base de otros principios no menos esenciales: si la biblioteca escolar es de todos, a todos compete la responsabilidad de respetar sus materiales, o sea, educar en el respeto a lo ajeno, a lo público. Si el aula es el reino de la individualidad, la biblioteca es el reino de lo común y compartido. No hay que olvidar que, en este contexto, los alumnos o usuarios tienen la oportunidad de imbuirse de una serie de hábitos o normas que, sin duda, les servirán para su futura condición de ciudadanos responsables: el orden, el silencio («en el origen del eclipse de la lectura están la supresión del orden y del silencio», decía **G. Steiner**), la participación, el respeto al prójimo y, cómo no, el desarrollo del sentido crítico, de la autoestima y de la libertad responsable.

Por si esto fuera poco, el usuario, a partir de la búsqueda de información y la consulta de documentos, de la investigación científica y humanística, llega a tomar conciencia de temas sociales que no le pueden ser ajenos, llámense ecológicos, políticos o históricos. Y además, en esta tarea, el alumno aprende a cotejar, seleccionar, ponderar, mirar, ordenar y decidir.

El servicio de préstamo de una biblioteca escolar hace extensible a los hogares la promoción de la cultura, une estrechamente a la biblioteca y a la escuela con las familias, posibilita la participación directa de los padres y la intercomunicación entre ellos. Este préstamo a domicilio perfecciona y mejora los momentos de ocio, tan importantes para entrar en la llamada «civilización del tiempo libre» y familiariza a los padres y madres con la llamada literatura infantil y juvenil, tan invisible aún en nuestra sociedad pese a su interés en la formación de lectores. Debe tenerse en cuenta, asimismo, que una biblioteca escolar abierta en horario no lectivo puede o debe cumplir las funciones de una biblioteca pública, y jugar con la inmediatez, la facilidad o la proximidad, así como reunir en torno a ella a padres y alumnos o a alumnos de diferentes niveles, lo que, por supuesto, estimula la emulación.

Además, una buena biblioteca escolar debe también educar en la belleza y en el sentido estético, favorecer el buen gusto y desarrollar la sensibilidad («nos convertimos en lo que contemplamos», dice el narrador **William Blake**), y, por supuesto, favorecer la creatividad artística o plástica —todo lector es un escritor y todo escritor es un lector— consolidando la fantasía divergente y la imaginación, predisponiendo, en suma, hacia la alta cultura y la ruptura de la paradoja: somos la cuarta potencia editorial del mundo, con más de 800 editoriales, aunque los índices de lectura no se correspondan con ese potencial. Invertir en bibliotecas escolares es invertir en futuro.

¿Y qué ventajas reporta una buena biblioteca escolar para los profesionales de la educación? Ya hemos citado algunas de las ventajas para las familias. A los maestros les permite —y naturalmente, estamos hablando de docentes con sensibilidad, comprometidos, los que no usan la biblioteca escolar como un apéndice del aula— liberarse de la atadura del libro de texto, de la rigidez del aula; romper con la rutina; crear una nueva atmósfera y posibilitar, además, su formación permanente, su puesta al día (con la constitución de seminarios o grupos de trabajo, por ejemplo) y el conocimiento de sus alumnos, de sus gustos y reacciones. No hay que olvidar, por último, que la biblioteca debe ser, en el siglo del «zapeo y del cliqueo», un espacio irrenunciable para la lectura meditada y reflexiva.

En resumen, tal y como dice la bibliotecaria francesa **G. Patte** (1988): «la vocación de la biblioteca escolar es la de ser un lugar de intercambio, de comunicación y de apertura al mundo».

Qué hacer para que las bibliotecas escolares funcionen

En términos generales, podemos afirmar que hay tres caminos o líneas de actuación en las que implicarse para que las bibliotecas escolares salgan de su letargo: la formación; la mentalización, difusión o promoción, y la consolidación o compromiso.

La primera actuación irá específicamente destinada a la formación de buenos profesionales o «bibliotecarios cualificados y comprometidos». Es decir, con una formación técnica (que les libre de la improvisación), científica (que les libre del estancamiento) y profesional (que les libre del aislamiento) y que les permita poner en circulación estrategias tan diversas como organizar, clasificar, ordenar, informatizar, seleccionar, animar, dinamizar... Y al mismo tiempo, han de ser comprometidos y responsables, o sea, implicados con el proyecto, para lo cual sería necesario definir su perfil, conferirles un estatus que, entre otras cosas, les permitiera disponer del tiempo libre suficiente —entendemos que un bibliotecario escolar debe compaginar sus tareas docentes con las propias que conlleva dirigir una biblioteca— para llevar a cabo sus proyectos con dignidad y responsabilidad, además de implicarse en su formación permanente. Debemos tener en cuenta que la biblioteca es lo que quiera el bibliotecario, el bibliotecario hace la biblioteca, por lo que no debe dejarse tal entidad en manos de la improvisación y el voluntarismo, que es lo que hasta ahora sucede.

Este primer punto o propuesta nos deriva hacia la formación inicial de los futuros docentes en las facultades de Educación. ¿No sería posible, puesto que solo se ama lo que se conoce, que todos los que van a dedicar toda una vida a la enseñanza finalizaran sus estudios con una instrucción al menos elemental en estrategias de animación a la lectura, conocimientos de literatura infantil y juvenil o de recursos para la organización, clasificación y catalogación? Hay que tener en cuenta que, tal y como afirma el profesor y académico **Salvador Gutiérrez**

Ordóñez,[4] «solo consigue apasionar con una disciplina la persona que la conozca y domine». Este aspecto trascendente de la formación seria y reglada debería ir acompañado —y aquí entramos ya en la segunda línea de actuación— de una campaña de mentalización sobre las ventajas que implica el uso de una buena biblioteca escolar. Campaña extensible a la sociedad en general, pero difusora de sus importantes funciones —véase al respecto el apartado: «Por qué necesitamos las bibliotecas escolares»—, principalmente entre padres de alumnos y profesorado en general, y que permita anular o incidir sobre la escasa cultura bibliotecaria.

Debe tenerse en cuenta que el bibliotecario escolar, dado que no es omnisciente, no debe sentirse solo, sino amparado por los profesionales que le rodean, debe abrirse a opiniones y sugerencias variopintas. La biblioteca debe ser de todos, a todos corresponde implicarse en el proyecto, aunque al bibliotecario le corresponda un papel coordinador y dinamizador.

La tercera línea de actuación nos deriva hacia el compromiso o implicación, en este caso, de la administración. Y nos referimos al compromiso económico. Si ya hemos formado buenos bibliotecarios y mentalizado a la sociedad de los beneficios que la biblioteca reporta, tendremos que asignar presupuestos para que se puedan llevar a cabo proyectos y actividades. La penuria de presupuestos, o al menos la falta de normativa al respecto, siempre ha sido la espada de Damocles pendiente sobre las bibliotecas escolares. Hasta la fecha, los recursos asignados, salvo partidas específicas e incluso arbitrarias, quedaban al criterio y a las fobias y filias de los equipos directivos de turno. Una biblioteca escolar sin una partida económica justa en función de sus necesidades puede quedar obsoleta a corto plazo. Hay que tener en cuenta que los materiales son caros, se deterioran cuando se usan y deben actualizarse y renovarse permanentemente. Creemos que un 15% de los presupuestos anuales del centro deben ser destinados a su funcionamiento, y ello para que permita reponer los fondos deteriorados o expurgados, adquirir novedades o atender peticiones de usuarios, invertir en la promoción de los fondos o actividades culturales e invertir en la mejora de la estética o renovación de mobiliario.

---

4. Gutiérrez Ordóñez, S. (2008). *Del arte gramatical a la competencia literaria*. Madrid: RAE.

Qué hay que evaluar; quién debe hacerlo, por qué, cómo y cuándo

Etimológicamente, el término *evaluar* (*e[x]*: sacar, extraer; *valuar*: valorar, estimar), significa extraer o deducir los valores, hacer estimaciones, positivas o negativas, de aquella actividad de la cual pretendamos deducir un rendimiento, e intentar sacar conclusiones para poder tomar medidas a posteriori (véase Jordi C., 1988).

¿Qué? Agrupamos los aspectos que hay que evaluar en una biblioteca escolar en diez puntos o ítems, todos ellos relacionados con el funcionamiento de una biblioteca: los fondos y la organización; el bibliotecario; los recursos económicos; la animación y dinamización; el préstamo; los horarios; el local, la decoración y el mobiliario; las relaciones internas: usuarios y colaboradores; las relaciones externas; la revisión periódica interna. Esta parcelación es útil porque permite conocer los apartados o aspectos que están necesitados de acciones urgentes o inmediatas, aquellos en los que tenemos que poner más énfasis. Se trata de contestar simplemente sí o no a las cuestiones planteadas. Digamos que por encima de sesenta respuestas positivas, el funcionamiento es óptimo. Hasta sesenta es bueno, y por debajo de esa cifra, deficiente. Se entiende entonces que la biblioteca escolar no funciona adecuadamente y es necesario tomar determinadas medidas que corrijan el déficit.

¿Quién? Una evaluación tan compleja como la que proponemos debe ser realizada por el bibliotecario o por el encargado de la biblioteca, que es la persona que mejor conoce el funcionamiento de la misma. Pero también sería conveniente que respondieran a la encuesta otros profesionales del centro no implicados directamente en las tareas bibliotecarias. Naturalmente, y tras las respuestas a la encuesta, un equipo de expertos o profesionales ajenos al centro computarán los resultados y comprobarán la verosimilitud de las respuestas dadas.

¿Por qué? Es indudable que el buen o mal funcionamiento de una biblioteca escolar, como institución básica y fundamental en un centro educativo, repercutirá positiva o negativamente en el acto didáctico, por lo que evaluar una biblioteca escolar significa, ni más ni menos, que evaluar buena parte de los medios pedagógicos puestos a disposición de los alumnos. Es decir, cuando en una evaluación emitimos un informe negativo o no satisfactorio, significa que los parámetros en los que se desenvuelve la educación de un grupo de alumnos no son los adecuados, puesto que un pilar básico de la educación no funciona adecuadamente. Y evaluarla positivamente significa que la institución permite prestar servicios de alto interés pedagógico, psicológico y social. ¿Por qué, pues, evaluar? Para conocer la biblioteca escolar que tenemos y actuar en consecuencia. Cuando evaluamos una biblioteca escolar, estamos evaluando a todo el sistema educativo.

¿**Cómo?** La metodología que hay que seguir en el proceso de evaluar una biblioteca escolar debe seguir cuatro fases íntimamente encadenadas:

- contestación a la encuesta por varios profesionales del centro,
- cómputo de las respuestas,
- constatación de los datos aportados y respuestas efectuadas,
- informe final con sugerencias de mejora u observaciones

¿**Cuándo?** Una evaluación general como la que proponemos debe hacerse más o menos cada dos o tres años, preferentemente en el último trimestre del curso, y hay que dejar el tiempo suficiente para unas respuestas ponderadas, con libertad de expresión y de opinión y para que se consolide un proyecto, así como para que adquieran confianza los responsables.

Los fondos. La organización

Para **John Spink**, «el éxito de un servicio bibliotecario depende de la calidad de los materiales que constituyen el fondo de la biblioteca y también de la calidad del personal que administra y gestiona el servicio».

Lo que aquí se pretende evaluar no solo es el cuánto (número de libros por lector), el qué (adecuación a los lectores) o el cómo (estado de presentación de los fondos a los lectores), sino lo más importante: la organización de los mismos, o sea, un ordenamiento y disposición que hagan posible y faciliten la búsqueda y el encuentro con el documento.

El bibliotecario

Manuel Carrión opina como John Spink: «el bibliotecario debe hacer y hace la biblioteca; esta es lo que quiere el bibliotecario». Por lo tanto, evaluar al bibliotecario significa centrarse en cuatro pilares básicos:

- la personalidad o manera de ser,
- la creatividad o modo de actuar,

- el tiempo de dedicación,
- la formación o experiencia.

Los recursos económicos

Aquí trataremos de evaluar varios aspectos principales: cantidad anual fija disponible, origen de los recursos (considerando si hay recursos externos o aportados por otras instituciones), el destino y la publicidad de los mismos.

La animación y la dinamización

El objetivo esencial de cualquier actividad animadora debe ser el de intentar acortar la distancia que hay entre un libro y un potencial lector empleando estrategias motivadoras y lúdicas próximas a la didáctica. Estas actividades, para que sean eficaces, deben regirse por unas reglas básicas:

- no han de ser esporádicas o circunstanciales, sino permanentes a lo largo del curso;
- se han de conocer y publicitar con suficiente antelación para tener al lector predispuesto y evitar la improvisación;
- han de destinarse a todos los niveles educativos;
- deben ser variadas, diversas y originales, con el fin de sorprender, despertar ilusiones y crear expectativas.

El préstamo

Para este servicio esencial necesitaríamos hacernos tres preguntas: cómo, quién y cuándo se realiza; además, tenemos que interesarnos por el grado de satisfacción de este servicio.

Los horarios

Las cuestiones aquí planteadas van encaminadas a conocer el tiempo que permanece abierta, tanto en horario escolar como no propiamente escolar, además de indagar sobre el grado de satisfacción que depara y las tutelas que requiere esta apertura.

El local, la decoración y el mobiliario

Como se deduce, hay tres cuestiones clave: el local (del que indagaremos sobre la capacidad), la ubicación u orientación y la accesibilidad.

La primera mide el número de lectores que tienen asiento y la distribución de los espacios. La ubicación permite conocer el emplazamiento, la orientación e idoneidad de la iluminación, tanto natural como artificial. Y la accesibilidad mide la facilidad para las entradas y salidas: puertas que dan a la calle, salidas de emergencia...

El mobiliario idóneo debe regirse por las normas de funcionalidad, belleza, comodidad y adaptabilidad. Y se ha de tener en cuenta también la libertad de movimientos que permite este mobiliario en relación con el espacio disponible (¿deben moverse unos alumnos para que otros tomen materiales?).

No debe desdeñarse la ambientación o decoración estética, ya que es importante para transmitir sensaciones y despertar los sentidos.

Las relaciones internas: usuarios y colaboradores

Debemos indagar en tres tipos de relaciones internas: con los usuarios directos de la biblioteca (o sea, los lectores o alumnos), con el equipo directivo o gestor y con el resto de miembros del claustro junto con los padres. Se trata de saber el grado de satisfacción de estos colectivos con el servicio prestado por la biblioteca e, incluso, de conocer el grado de implicación de los mismos.

Las relaciones externas

La biblioteca debe abrirse al exterior, involucrando a agentes e instituciones foráneas en su desarrollo. Además, abrirse al exterior es una actitud recomendable, que seguramente redundará en beneficio de la biblioteca.

Cuando hablamos de relaciones externas nos estamos refiriendo a la implicación de concejalías u otras instituciones ajenas (centros de profesores, por ejemplo), que pueden actuar como mecenas o colaboradores esporádicos. Y hay tres tipos de implicación con el exterior: en el ámbito económico (donaciones), en el participativo y en el informativo y formativo.

La revisión periódica interna

Anualmente debe pulsarse la opinión de los usuarios de la biblioteca escolar con el ánimo de saber si el estado de la misma o las actuaciones emprendidas son de interés general.

Se trata de una evaluación interna y parcial en el centro, adaptada a las peculiaridades de cada uno, a diferencia de la evaluación individual y externa que se refleja en el anexo A (pág. 70). Los datos de esta encuesta deben reflejarse en la memoria final de curso.

Las características generales que debe reunir esta encuesta pueden resumirse así:

- respuestas emitidas que se mantengan en el anonimato,
- participación del mayor número posible de usuarios,
- resultados computables y notificados públicamente
- cuestiones planteadas claras y concretas.

Para ver un modelo de encuesta de este tipo, dirigida a los miembros del claustro, véase anexo B (pág. 74).

Decálogo del buen bibliotecario escolar

1. Es el que consigue apoyos a sus proyectos, el que une a la comunidad educativa en torno a sus iniciativas, el que integra y consigue mantener la biblioteca como centro de interés permanente y sabe vender su proyecto implicando al mayor número de profesionales en el concepto de biblioteca que propone y ofrece participar a cada cual en la medida de sus posibilidades.
2. Tiene ideas; es creativo, dinámico, inquieto y soñador; no se deja llevar por la rutina; despliega una actividad frenética; tiene una mente abierta a sugerencias, y propone iniciativas variadas y continuas.
3. Es receptivo a las sugerencias de los lectores; está en permanente contacto con ellos, sabe escucharles y conoce sus gustos y preferencias. Como es democrático, atiende y satisface en la medida de lo posible las opiniones y sugerencias de los usuarios y de los compañeros, razona y explica las posibles discrepancias que puedan surgir y argumenta con rigor y vehemencia sus puntos de vista.
4. No solo es un buen lector, un apasionado de la lectura y de la cultura que tiene sentido crítico y sabe discernir, sino que conoce bien los fondos de su biblioteca y es capaz de transmitir su pasión lectora a los potenciales lectores y crear un ambiente literario, de amor a la letra impresa.
5. Está capacitado para revisar periódicamente los fondos y expurga, retira o elimina aquellos que ya no son necesarios, que han quedado obsoletos o que no se atienen a los criterios de calidad o necesidad. Y ello siempre teniendo en cuenta que esta actividad seleccionadora

es imprescindible para la misma subsistencia de la biblioteca, y que no solo responde a la pujanza del mercado editorial, sino también a la propia vitalidad de los usuarios.

6. Es el que tiene un criterio claro cuando procede a la adquisición de nuevos fondos o reposición de los expurgados, y no se deja llevar por el azar, la novedad o la improvisación; es sistemático y riguroso; procede con método y sabe en todo momento qué tipo de fondos precisa la biblioteca, teniendo en cuenta siempre las necesidades de los lectores y los objetivos del currículo.
7. Propone continuas actividades o estrategias de animación; las gradúa en diferentes niveles de dificultad para adaptarlas a todas las etapas educativas y las espacia en el tiempo. Con ello busca acercar los fondos disponibles a los usuarios, motivarles, excitar su curiosidad y dotar de vida y movimiento a la biblioteca.
8. Organiza y dispone los fondos de acuerdo con un criterio universal, práctico, eficaz y sencillo, de manera que los usuarios se familiarizan con los mecanismos que rigen su funcionamiento y acceden a los fondos con facilidad y confianza. Cree que el orden es fundamental en la formación de lectores y plantea, además, continuas actividades lúdicas para la formación de los usuarios.
9. Es un eficaz gestor que maneja los recursos económicos con prudencia, siempre preocupado por recabar más fondos para sus proyectos, y dispone de ellos con equidad y justicia, atendiendo a los intereses generales y no al bien particular o individual.
10. Tiene buen gusto; se preocupa por la estética, por hacer de la biblioteca una estancia de agradable decoración y ambiente confortable, ambientada para que el lector se encuentre cómodo y relajado; es capaz de sorprender al lector con la belleza y el diseño de la estancia, por lo que se acercará a ellos a través del ámbito de la sensibilidad y las emociones. Pues el buen bibliotecario está convencido de que la biblioteca de su centro debe ser el lugar más atractivo y acogedor del recinto escolar.

En suma, el buen bibliotecario es aquel que selecciona, integra, anima, orienta, propone, organiza, escucha, coordina, gestiona e innova.

Algunas experiencias promocionales para una biblioteca escolar

El objetivo de una biblioteca escolar no es solo la lectura. Una buena biblioteca escolar debe enseñar a leer, pero debe cumplir también otras muchas funciones, tales como ayudar a observar, a experimentar, a compartir, a respetar, a contemplar, a ordenar, a comparar, a buscar, a investigar, a sensibilizarse con la belleza...

Estas experiencias interdisciplinares y de promoción de la biblioteca que proponemos están pensadas para colaborar con esos múltiples objetivos a los que aludimos y promocionar la biblioteca entre el alumnado.

Señores libros

En líneas generales, esta sencilla experiencia (a la que también podemos denominar como «Libros singulares» o «Distinguidos libros»), consiste en exponer en lugar bien visible, libros ilustrados de gran formato (es lo que se conoce técnicamente como álbumes), darles una numeración correlativa y promover que los alumnos procedan a votar los libros que más les gusten o que sean de su agrado.

Preferimos los denominados álbumes, porque su contenido gráfico y su edición —incluso el texto breve— se prestan a una selección más objetiva y asequible.

¿Qué objetivos se persiguen con esta actividad? Creemos que no solo es una actividad de carácter contemplativo, que participa de las ventajas de la exposición, sino también participativa y formativa, que ayuda en la formación de criterios estéticos y a desarrollar el gusto. Por lo tanto, las ventajas de una actividad de estas características pueden sintetizarse en las siguientes: participar, formarse como usuarios, aprender a mirar, desarrollar la autoestima, desarrollar el sentido crítico, conocer los gustos y las preferencias, formar el gusto estético y aprender a seleccionar.

Una vez seleccionados los libros objetos de exposición —proponemos de quince a veinte ejemplares como máximo para que el tiempo empleado en una observación detenida sea suficiente—, se les asigna uno a cada uno. Han de colocarlos en las mesas, en un lugar visible de las mismas para poder manejarlos fácilmente y propiciar la observación detenida. Al mismo tiempo se confeccionan unas papeletas que permitan la votación de los alumnos. Estos las irán pasando por la exposición por turnos y, una vez cumplimentadas, deberán depositarlas en una urna colocada al efecto.

Para una contemplación detenida y rigurosa, los alumnos deben disponer del tiempo suficiente. Si una hora no es suficiente, debe hacerse otra ronda con posterioridad para madurar las decisiones.

Conviene que en los libros expuestos estén representadas todas las tendencias pictóricas o expresivas para así facilitar la elección y poder intuir mucho mejor el tipo de ilustraciones que prefieren los lectores.

El texto debe ser breve para posibilitar una lectura rápida. En cualquier caso, no se trata de juzgar un texto, sino las ilustraciones y la edición. Los textos, en este caso, no tienen demasiada importancia.

La experiencia puede repetirse también con adultos, sean padres o profesores. Es una buena ocasión para conocer sus preferencias y los puntos de coincidencia con sus hijos o alumnos. A la vez aprovecharemos para implicarlos en las actividades culturales y darles la oportunidad de que conozcan nuestro fondo bibliográfico.

Al final, llega el momento de evaluar la experiencia. Los tres libros más votados gozarán del favor del pueblo soberano. Pueden exponerse durante un tiempo en un lugar preferente de la biblioteca o ir rotando por todas las aulas, para admiración de sus votantes. Y se envía a todos los padres una carta con la relación de los libros expuestos y las conclusiones del escrutinio para informarles del evento.

Un ejemplo de libros expuestos podría ser: *La máscara* (Corimbo), *La historia de la manzana roja* (Kalandraka), *¿Quién ha visto las tijeras?* (Kalandraka), *Rosa Blanca* (Lóguez), *Ser quinto* (Lóguez), *Cambios* (Fondo de Cultura), *El lobo sentimental* (Corimbo), *Rosa Caramelo* (Kalandraka), *Papá, mamá, Anita y yo* (Juventud), *Una historia sin fin* (Anaya), *Pipi Caca* (Corimbo), *Nadarín* (Kalandraka), *Los tres bandidos* (Kalandraka), *El grúfalo* (MacMillan) y *Donde viven los monstruos* (Alfaguara).

Recital poético

Empezaba el mes de febrero y dejábamos atrás ya las actividades programadas para el mes de enero: una guía de lectura, una exposición y una serie de actividades para conmemorar el Día de la Paz. Llegaba el día 14, Día de San Valentín, día de los enamorados, fiesta comercial por excelencia pero ya muy arraigada en la tradición. Y esta conmemoración nos iba a dar pie a diseñar una serie de actividades en torno a esta fecha, cuya idea central sería un concurso de recital de poesía amorosa entre los alumnos de cursos superiores, tema que suponíamos resultaría de alto interés para muchos alumnos y muchas alumnas; todos muy sensibilizados con el tema. Las previsiones quedaron cortas.

Los objetivos de una actividad de este tipo son múltiples:

- Aprender a declamar.
- Educar el placer fonético.
- Conocer autores y obras.
- Sensibilizarse con la narración oral.
- Aprender a comportarse en público.
- Disfrutar con la poesía.
- Aprender a escuchar.

La propuesta se hizo a los alumnos de sexto curso de primaria que estuvieran dispuestos a participar voluntariamente. En total, se apuntaron treinta alumnos de los tres cursos (el 50% de la matrícula) y preferentemente del género femenino. A cada alumno se le entregó, el día anterior al evento, el poema de Mario Benedetti «Táctica y estrategia». No se trataba de memorizarlo, sino de que hicieran prácticas de narración con tranquilidad. Al mismo tiempo, se formó un jurado compuesto por cuatro profesores —el bibliotecario y otros tres que no tuvieran nada que ver con los alumnos concursantes—, cuyo fin sería calificar las actuaciones con un baremo de uno a cinco, teniendo en cuenta las siguientes premisas: la expresividad, el tono, la vocalización, el ritmo y la emotividad. Los tres alumnos finalistas de cada nivel pasaron a una segunda fase ya definitiva, donde el poema que había que recitar, «¿Qué más me da?», de Amado Nervo, sería inédito, es decir, los alumnos no tendrían conocimiento de él hasta el momento mismo de la narración.

Así llegamos a los tres alumnos ganadores, uno por nivel, que recibieron como premio un diploma diseñado para la ocasión, un lote de libros y los poemas que les elevaron hasta el podio. Estos tres alumnos (a las dos fases anteriores solo asistieron los alumnos apuntados; fueron fases cerradas) tuvieron la oportunidad de recitar en una sesión abierta para todos sus compañeros de ciclo y también para los padres que quisieron asistir en una solemne sesión final, en la biblioteca del centro, especialmente ataviada para la ocasión.

Paralelamente al recital, se realizaron otras actividades complementarias en el recibidor de la biblioteca, como fueron una exposición de libros de temática amorosa, una guía de lectura por edades, un mural con corazones para que los niños escriban sus amores y un álbum especial que contenía una selección de poemas de amor.

Dado el éxito de la actividad, estamos pensando ya en institucionalizar o bien unas «Jornadas de declamación», o bien unas «Jornadas de poesía», que coincidan, por ejemplo, con el 21 de marzo, fecha de entrada de la primavera, o con cualquier otra fecha significativa que estudiaríamos. Estos eran los poemas:

«¿Qué más me da?», de **Amado Nervo** (poeta mexicano)

¡Con ella todo; sin ella, nada!
Para qué viajes,
cielos, paisajes.
¡Qué importan soles en la jornada!
Qué más me da
la ciudad loca, la mar rizada,
el valle plácido, la cima helada,
¡si ya conmigo mi amor no está!
Qué más me da…

«Táctica y estrategia», de **Mario Benedetti** (poeta uruguayo)

Mi táctica es mirarte,
aprender cómo eres
quererte como eres.

Mi táctica es hablarte
y escucharte,
construir con palabras
un puente indestructible.

Mi táctica es
quedarme en tu recuerdo
no sé cómo
ni sé con qué pretexto,
pero quedarme en ti.

Mi táctica es ser franco
y saber que eres franca,
y que no nos vendamos simulacros
para que entre los dos
no haya telón ni abismos.

Mi estrategia es,
en cambio,
más profunda y más simple.

Mi estrategia es
que un día cualquiera,
no sé cómo
ni sé con qué pretexto,
por fin me necesites.

Un cesto lleno de palabras

El nombre de esta experiencia está tomado del libro del mismo título del autor **Juan Farias**, publicado en la editorial Anaya. La idea es muy sencilla y fácil de llevar a la práctica. Consiste en un cesto, cesta, baúl o caja ambulante, llena de libros, que se pasea por las aulas con el objetivo de presentarlos, leer algún fragmento o realizar algún juego creativo. Disponemos en nuestro centro de una carretilla de madera, adquirida en una tienda de marquetería, pintada y decorada al efecto, que podría servir también para esta actividad. La presentación puede hacerse en la biblioteca en un horario acordado, pero preferimos el sistema de rotar por las aulas jugando con la improvisación y el efecto sorpresa. Una vez en el aula, vamos extrayendo de nuestro cesto aquellos libros que deseamos comentar, con el noble intento de llamar la atención y despertar el interés.

Recuerdo el día en que el escritor Pepe Monteserín, premio de la Crítica de Asturias en la modalidad de LIJ, acudió a nuestro centro para un encuentro con profesores. De una vieja maleta iba extrayendo y comentando los libros que le habían impactado y de los que guardaba mejores recuerdos, y mezclaba en sus reflexiones la ironía con el rigor. Tal actividad dejó entre todos los presentes una agradable sensación.

Siempre procuramos meter en nuestro cesto libros sorpresa, libros cuña o libros gancho con el fin de agudizar la atención. Así despertamos la sensibilidad entre los alumnos de cursos superiores al presentarles el libro desplegable en tres dimensiones *El gran libro de los mitos griegos* (Ediciones B), del que sale, por ejemplo, un caballo de Troya al abrir sus páginas. O la que suscitamos entre los alumnos de los cursos inferiores al mostrar el libro *Buenas noches, vamos a dormir* (Kalandraka), que tiene formato de maleta o maletín y está elaborado todo él en tela.

Los comentarios que hacemos de los libros son sencillos y breves, pues la experiencia no debe durar mucho tiempo. Se trata simplemente de un acto de presentación, de estimular los instintos lectores básicos.

Este cesto de las palabras puede renovarse y llenarse de diferentes materiales, convertirse en un cesto mágico. Por ejemplo, cabe colocar dentro objetos reales a modo de iconos mágicos de los cuentos populares y que sirvan como disculpa para contar un cuento. Luego, si extraemos una peonza, podemos aprovechar para contar el cuento *Los novios o los enamorados*, de Andersen; o si extraemos al azar una caracola o un huevo, contar *La Sirenita* o *El patito feo*, respectivamente. Podemos llenar el cesto con chistes escritos por los propios alumnos, e ir extrayendo uno a uno para leerlos. O llenarlo con palabras que nos permitan explicar un tema, un acontecimiento, una conmemoración; así, si el tema es la novela negra o policíaca, metemos dentro palabras que tengan o no relación con este género y la cuestión consiste en que nos vayan diciendo si tienen o no relación con este tipo de novelas (por ejemplo: *coartada*, *cómplice*...).

Una vez finalizado el acto de presentación, el cesto o cesta puede quedarse durante una jornada a la puerta del aula, como expositor temporal y punto de referencia para otros cursos.

Mesas numeradas y reserva de plaza

Efectivamente, en nuestra biblioteca, las mesas están numeradas correlativamente del uno al siete. Esta numeración encubre ventajas comprobadas, que pasamos a describir.

En primer lugar, permite que cada alumno tenga su mesa asignada; que el tutor, en la hora que tiene asignada dentro del horario, pueda distribuir a sus alumnos según su criterio, lo que evitará disputas y enfrentamientos entre los lectores. Se trata de buscar el orden y la tranquilidad. En segundo lugar, nos permite el servicio de «reserva de plaza», que ofrece muchas ventajas cuando la biblioteca permanece abierta durante los recreos. Todos aquellos lectores que quieran tener una plaza segura en la biblioteca deben reservar su plaza el día antes en la jefatura de estudios. Esto favorece la asistencia de grupos que quieran permanecer juntos para hacer algún trabajo o consulta, o de alumnos que no quieran ser molestados para disfrutar de una lectura en soledad. En la mesa o mesas reservadas se coloca un cartel preparado al efecto con el rótulo de «reservada».

Los objetivos de esta actividad son:

- Adquirir responsabilidad.
- Favorecer la autoestima.
- Favorecer el compañerismo y el trabajo en equipo

El álbum familiar o conmemorativo

La experiencia consiste en construir un álbum de fotos con la experiencia personal, familiar y profesional de determinados personajes (autores, científicos, descubridores, exploradores, héroes...), aportando cuantos recursos sean precisos, tanto de carácter gráfico como audiovisual o escrito. Y no solo personajes, sino también acontecimientos, eventos o hechos destacables: una batalla, un descubrimiento... Por ejemplo: el año 2006 nos deparó la oportunidad de revisar la vida de Colón y el descubrimiento de América, la vida y obra de Mozart o el 70º aniversario del comienzo de la guerra civil española. Dicho álbum, una vez elaborado con la participación de los alumnos si fuera preciso, debe ser expuesto para la observación detenida de los usuarios.

Los objetivos son:

- Identificarse con los personajes y sus hechos u obra.
- Despertar ilusiones y expectativas.
- Conocer otras vidas y otras épocas.
- Excitar la curiosidad y la imaginación.
- Dar un tono hogareño y familiar a la biblioteca.
- Acostumbrarse al manejo de los recursos documentales.
- Fomentar aficiones.
- Sensibilizarse con el paso del tiempo.

Para la elaboración de estos álbumes puede acudirse a muchas fuentes. Internet es hoy un recurso imprescindible, pero también lo son las insustituibles fuentes bibliográficas, como las biografías, autobiografías, enciclopedias, los estudios, las memorias, etc. Para la colocación de las imágenes pueden servirnos los numerosos modelos comerciales que están a la venta en cualquier establecimiento —teniendo siempre como premisa fundamental la belleza y la elegancia—, o mejor aún, elaborados por nosotros mismos con ingenio y buenas maneras.

Intentando buscar la participación y excitar la curiosidad, podemos elaborar también, en un principio, álbumes personales de alumnos o profesores que se presten a ello, aportando fotografías familiares que supongan un repaso genealógico a la vida del personaje expuesto.

Han de estar elaborados con gusto y belleza, ser válidos como recurso documental, estar expuestos en un lugar visible durante un tiempo aceptable e indicar fechas, título y pies de foto de forma clara.

Las fotografías literarias o el taller de fotografía

En esencia, la experiencia consiste en aprovechar los recursos digitales disponibles en el centro (ordenador y cámara fotográfica) para hacer un taller, y promocionar y popularizar la biblioteca escolar.

El desarrollo de la actividad es muy sencillo: periódicamente (semana, quincena…) se toman unas fotografías de un alumno en actitud lectora dentro de la biblioteca y se colocan a posteriori en lugar bien visible, por ejemplo, el tablón de anuncios de la biblioteca, citando claramente al alumno, el curso y el libro objeto de promoción.

Los objetivos de esta experiencia son múltiples:

- Promocionar la biblioteca.
- Promocionar la lectura.
- Implicar a los lectores o usuarios.
- Crear expectativas e ilusiones.
- Despertar la curiosidad.
- Conocer a los compañeros y a las compañeras.
- Aprender a observar y a contemplar.
- Comprender el arte de la fotografía.

Si damos un paso más y ponemos un poco de imaginación, podemos implicar también a los padres y a los profesores en actitudes lectoras o también pueden ser los alumnos, inscritos en un taller, los propios fotógrafos y presentarse a un concurso final de fotografías lectoras, con sus correspondientes premios. En cualquier caso, las fotografías tomadas serán entregadas como donación a quienes voluntariamente han permitido ser fotografiados, una vez finalizado el concurso o exposición.

Lista de recomendados

Esta «lista de recomendados» creada a imitación de los «libros de visitas» de ciertas entidades de rango, es una de las experiencias destinadas al atril de pie. Consiste en un libro o cuaderno especialmente diseñado para que los alumnos anoten en él libremente sus impresiones sobre un libro concreto o sobre una actividad en particular, o bien recomienden un título o autor a los demás usuarios.

Para facilitar la operación de escribir las ideas, el atril de pie regulable se coloca a la altura de los usuarios y en un lugar visible y asequible; además, ha de llevar anexo un bolígrafo adherido al atril y sujeto por su correspondiente cadena, siguiendo el modelo, por ejemplo, de las entidades bancarias.

Los objetivos son:

- Iniciarse en el comentario de textos y en la crítica literaria.
- Conocer y respetar la opinión de otros lectores.
- Mejorar el conocimiento de los fondos.
- Incitar a la participación y sentirse admirados y admiradas.

Un modelo de hoja de recomendaciones, o lista de recomendados, que, dada sus características, deberá ser renovado y revisado periódicamente, podría ser más o menos así:

Nombre:
Curso:
Recomiendo el libro:
Motivo:
Sección:
Colección:

Un país, un autor

Los antecedentes de esta experiencia hay que buscarlos en el Campeonato Mundial de Fútbol celebrado en Alemania en el año 2006. La idea fundamental fue hacer primero una indagación de autores cuya nacionalidad coincidiera con buena parte de los países participantes; posteriormente, se pasó a confeccionar unos murales donde se señalaba cada país (moneda, extensión, habitantes, bandera, etc.), para finalmente exponer libros de los autores seleccionados (por ejemplo, en el caso de Alemania: Knister, Hartling, Kordon, Ende, Kastner, Pausewang, etc.).

Se trata, pues, de una experiencia interdisciplinar para alumnos de cursos superiores que relaciona la biblioteca escolar con otras áreas y al bibliotecario con otros profesores y con los intereses de los lectores. Un evento deportivo de estas características, que tanto interés despierta entre el alumnado, no debe desaprovecharse de cara al fomento de la lectura.

Desarrollo posterior

Una vez finalizado el campeonato, pensamos que sería interesante dedicar un mes a cada país a lo largo de un curso escolar. El guión podía quedar así: octubre, Alemania; noviembre, Argentina; diciembre, Brasil; enero, Estados Unidos; febrero, Francia; marzo, Gran Bretaña; abril, Italia; mayo, Uruguay. Y el esquema de trabajo podría ser el mismo: formar equipos, indagar sobra cada país, elaborar murales y gráficos, buscar autores de cada país y hacer una exposición con todo el material recopilado.

Podemos acudir a Internet, o incluso ponernos en contacto con embajadas, consulados o asociaciones. Si nos parece mucho un autor por mes, pues uniendo fútbol y literatura, hacemos el trabajo con los países que resultaron campeones mundiales, que son casi todos los citados. O entre los dos grandes campeones, e incluso al final, hacemos un partido entre dos equipos representativos.[5]

Como objetivos, tenemos los siguientes:

- Unir lectura y conocimientos geográficos.
- Abrir la biblioteca a experiencias innovadoras.
- Identificar autores y formar cultura literaria.
- Fomentar el trabajo en equipo.
- Acostumbrarse a la observación y a la investigación.
- Dar participación a los alumnos.
- Entonar con los intereses de los usuarios.

---

5. El manual *Diccionario histórico de autores de la literatura infantil y juvenil contemporánea* (Octaedro), puede resultar muy útil para una actividad de estas características.

Las rebajas u ofertas

Con esta experiencia tratamos de adaptar la biblioteca al quehacer cotidiano, a la rutina de la vida diaria, a lo que el usuario observa en la calle y en los extrarradios de la escuela. Efectivamente, en periodos concretos, previamente anunciados, también hacemos rebajas y ofertas en la cultura.

O sea, si, durante el curso, lo estipulado en el reglamento es el «alquiler» de un máximo de dos libros por un periodo de quince días, ahora nos saltamos esas normas y hacemos una oferta especial: ampliar a determinados productos el número de días de préstamo, de materiales que se pueden prestar o de ambas cosas a la vez.

Lo que solemos hacer en estos «días de oro» es que el lector o usuario pueda llevarse a casa una colección completa ampliando los días de préstamo. Por ejemplo: toda la colección de «Kika Superbruja», o toda la serie de «Las Fieras Fútbol Club» por un periodo de treinta días. O también ofertar excepcionalmente productos que, por lo general, están vedados al público, o, simplemente, ampliar el periodo de préstamo para artículos concretos, u ofertar aquellos libros que, aun teniendo calidad, no son objeto de préstamo por una u otra razón.

Para que el usuario conozca los materiales sujetos a esta iniciativa, solemos colocar la palabra «oferta» bajo los libros objeto de tal promoción, en una cartulina especialmente preparada. O incluso se puede colocar, si el espacio lo permite, un armario exclusivo para ofertas.

¿Cuáles son los objetivos que pretendemos conseguir con esta experiencia de apariencia intrascendente?:

- Despertar expectativas.
- Romper la rutina diaria.
- Promocionar determinados libros o series.
- Formar usuarios.
- Adaptarse a la vida cotidiana.
- Atraer a los reticentes.

Rueda de prensa profesional

La denominada «rueda de prensa» consiste en un encuentro de los alumnos, generalmente de los cursos superiores, con un determinado profesional o experto y la consiguiente batería de preguntas relacionadas con su especialidad o profesión.

Los objetivos de esta actividad, que siempre se desarrolla en la biblioteca preparada al efecto, son varios:

- Promocionar la biblioteca.
- Aprender a escuchar.
- Aprender a respetar las ideas ajenas.
- Ampliar las perspectivas profesionales.
- Desarrollar el sentido crítico.
- Familiarizarse con los eventos sociales y culturales.
- Ganar en autoestima.
- Crear expectativas e ilusiones

Una manera fácil de contactar con diferentes profesionales es consultar en los archivos de la Asociación de Padres y Madres de Alumnos. También los propios profesores son a veces fuente de recursos inestimables, y las instituciones u organismos locales o provinciales, tanto públicos como privados, pueden facilitarnos otros recursos adonde recurrir.

El evento debe prepararse en primer lugar en el aula, explicando quién y a qué se dedica el personaje de la entrevista y proponiendo una serie de preguntas que se deben formular (una o dos por alumno por ejemplo y siempre con un protocolo de actuación): saludo inicial, nombre de quien hace la pregunta, pregunta que se va a realizar... Es aconsejable que al invitado se le aleccione sobre el encuentro, que venga preparado; así, se le pueden pasar previamente las preguntas que le van a hacer.

El abanico de personajes para estas ruedas de prensa puede ser variadísimo: desde personalidades de renombre público (alcaldes, concejales, diputados, empresarios, médicos, escritores), hasta profesionales o trabajadores (taxistas, policías, panaderos...). Por ejemplo, en la biblioteca del C. P. La Ería de Oviedo, se realizaron ruedas de prensa con el delegado del Gobierno en Asturias, con el delegado de Defensa en Asturias, con el arzobispo de Oviedo y con representantes de la Policía Nacional.

Encuentros literarios o temáticos con invitación (y premio)

Como su nombre indica, los encuentros literarios consisten en el comentario de un libro por uno o varios alumnos ante la presencia de invitados. Estos nunca deben ser más de treinta, ya que es el número de puntos de lectura de que disponemos. Si la exposición es de un tema, los llamamos encuentros temáticos. Tanto en uno como en otro caso, la exposición puede acompañarse de diferentes soportes: murales, audiovisuales, etc. Para este acontecimiento o acto pedagógico los invitados solo pueden acudir con una invitación que previamente se entrega al ponente o ponentes. Estos pueden repartir las invitaciones a su libre albedrío entre amigos, profesores, familiares, etc.

Como todas las invitaciones van numeradas correlativamente del 1 al 30, entre todos los asistentes se sortea un premio, que por lo general es un libro. Para facilitar la asistencia de todos, el evento siempre se realiza en la media hora de recreo. Se debe buscar un personaje que actúe de moderador y presentador del acontecimiento, que bien puede ser el bibliotecario.

Las ventajas de esta actividad son muchísimas:

- Fomentar la lectura.
- Promocionar la biblioteca.
- Aprender a expresarse en público.
- Adquirir responsabilidad.
- Aprender a respetar las opiniones ajenas.
- Estimular la convivencia y el respeto.
- Favorecer la implicación de las familias.
- Aprender a escuchar.
- Desarrollar el sentido crítico.
- Desarrollar la autoestima.

Jornadas de radio y literatura

Las jornadas de radio y literatura constituyen una de las experiencias más interesantes llevadas a cabo en la biblioteca escolar del C. P. La Ería de Oviedo, en colaboración con Radio Asturias, de la cadena SER, y creemos que inédita en la educación española. Se realizan todos los años, coincidiendo con el 2 de abril, Día Internacional del Libro Infantil y Juvenil.

El espacio, en directo y con la presencia de público, dura dos horas. En él participan en turnos de media hora todos aquellos que tienen algo que ver con el mundo de los libros y la lectura: padres, autores, ilustradores, editores, intermediarios y, naturalmente, alumnos o lectores seleccionados de entre todos los cursos (un alumno o alumna por nivel).

Los medios técnicos necesarios para cubrir el programa son gestionados gratuitamente por Radio Asturias; pero para el resto de recursos promocionales se busca la subvención económica de determinadas entidades colaboradoras —asociación de padres y madres, bancos, comercios y empresas locales, editoriales— que año tras año se muestran asequibles, posiblemente por la popularidad y audiencia que el programa en sí tiene en toda Asturias. Por ejemplo, previamente al acontecimiento, se realizan una serie de actividades, tales como: la edición de un programa y de un cartel alusivo, que se distribuye en todos los colegios de Asturias; el reparto de invitaciones entre los padres; la elección, entre los alumnos de cursos superiores, de ayudantes o azafatas/os que se encargaran de recibir a los invitados o ponentes y servir aperitivos, y la preparación de dos pancartas para colocar en las entradas a nuestro centro. A todos los participantes se les hace un obsequio y entre los asistentes se sortean libros. Y a todos se les invita a posteriori a un «menú de convivencia».

Las ventajas de una actividad de este tipo son:

- Promocionar la biblioteca.
- Promocionar la literatura infantil y juvenil.
- Familiarizarse con los medios de comunicación.
- Dar participación a los usuarios.
- Acostumbrarse a hablar en público.
- Crear un medio para el debate.
- Acostumbrarse a escuchar.
- Acercar la radio a la escuela.
- Abrir la biblioteca a los padres

¿Quién soy yo?, o Sigue la pista, o Indicios

A partir del libro *¿Quién soy yo?*, de **Gianni Rodari** (Edelvives), donde un niño va progresivamente conociéndose a sí mismo y al mundo que le rodea, se ideó esta experiencia, a la que también denominamos «Indicios» o «Sigue la pista». En esencia, consiste en seguir la pista a un personaje sobre el que se van dando indicios progresivamente, hasta llegar a descubrir su verdadera identidad.

Veamos un ejemplo: con motivo de la organización en nuestro centro de una quincena temática dedicada a la novela negra o policíaca, se planificaron actividades en torno a la misma, como una exposición bibliográfica sobre el tema; una exposición de iconos relacionados con la actividad policial: esposas, porras, gorros, chalecos antibalas…; guías de lectura para el alumnado y el profesorado; la visita al laboratorio de huellas de la policía; el llamado «un día con la policía»: exhibición de perros policía y motos patrulla, y ruedas de prensa con alumnos de cursos superiores.

Además de todo esto, se propuso un concurso de pistas con premio para seguir los pasos de Al Capone, que se comunicó en el tablón de anuncios de la bibliotecas. La primera pista del lunes consistía en la fotografía del personaje con la palabra «wanted». La segunda incluía la expresión «Famoso *gangster* de Nueva York». La tercera pista aludía a su «origen italiano», y así sucesivamente hasta dar cinco pistas en total. Los concursantes debían escribir el nombre del protagonista en una papeleta diseñada al efecto e introducirla en el buzón de sugerencias colocado dentro de la biblioteca. Este buzón se abría todos los días y, cuando surgían las primeras respuestas acertadas, el concurso se cerraba y se adjudicaba el premio, que consistía siempre en un lote de libros, en este caso relacionados con la novela negra. Si los acertantes eran varios, se sorteaba públicamente.

Otras experiencias de este tipo fueron las relacionadas con personajes como Juan Ramón Jiménez, El Cid, Colón, Mozart...

Los objetivos de una actividad de este tipo son varios:

- Promocionar la biblioteca.
- Favorecer la participación democrática.
- Ampliar conocimientos.
- Aprender a informarse.
- Manejarse en el uso de diferentes soportes.
- Reforzar el aprendizaje.
- Crear expectativas.

Las encuestas documentales con premio

La llamada encuesta o proyecto documental es una experiencia interrelacionada directamente con la actividad mensual de la biblioteca, con las exposiciones y homenajes mensuales. No tiene nada que ver con los tradicionales «deberes». Es una actividad voluntaria, que lleva recompensa, no es evaluable y puede hacerse en equipo.

Consiste sencillamente en una batería de preguntas sobre un tema concreto, que se deben contestar en un plazo estipulado y que, una vez contestadas correctamente, tienen premio, solemnemente entregado en la biblioteca. Por ejemplo, para dar a conocer la figura del El Cid, con motivo de los 800 años del *Cantar*, una de las actividades diseñadas (aparte de la proyección de la película o un concurso de banderolas o pendones medievales) consistió en pasar a todos los alumnos de 5.º y 6.º una encuesta de 25 preguntas, que una vez contestadas deberían entregar al comité de biblioteca, encargado de su corrección.

Algunas de las preguntas planteadas eran: ¿cuál era su verdadero nombre?, ¿en qué provincia está Vivar?, ¿cómo se llamaban sus espadas?,

¿cuál era el nombre del rey que lo mandó desterrar?, o ¿qué pasó en Santa Gadea?

Las ventajas de una experiencia de este tipo pueden sintetizarse en las siguientes:

- Reforzar el aprendizaje autónomo.
- Favorecer la participación.
- Reforzar la autoestima.
- Manejarse en las nuevas tecnologías.
- Autoformarse como usuario.
- Acostumbrase al manejo de bibliografía

La asamblea de auxiliares

La asamblea de auxiliares puede definirse en pocas palabras como una asamblea de delegados de la biblioteca. A principios de curso, entre todos los alumnos de 4.º, 5.º y 6.º que se presentan voluntarios, dos o tres de estos hacen turnos semanales con la misión de colaborar con el bibliotecario en cuantas tareas se les encomienden, tanto en la hora de apertura al recreo como en otros eventos dinamizadores: exposiciones, concursos, encuentros literarios, etc. Y trimestralmente se hacen reuniones del bibliotecario con estos «auxiliares de biblioteca» con la intención de sondear los pros y contras del funcionamiento de la biblioteca, preferentemente durante la media hora que permanece abierta durante el recreo.

Algunas conclusiones negativas surgidas de estos encuentros fueron:

- Algunos alumnos utilizan la biblioteca como lugar de refugio en los días intempestivos.
- Se organizan frecuentes broncas por utilizar el rincón informático.
- Algunos utilizan la biblioteca para comer.
- En ocasiones no se recolocan los libros en su lugar.
- Determinados alumnos se colocan juntos para hablar.
- Se deja sin recoger material o se tiran cosas por el suelo.

Pero ¿cuáles son las ventajas de esta experiencia?:

- Fomentar la participación.
- Adquirir responsabilidad.
- Fomentar la autoestima.
- Adquirir hábitos democráticos.

- Indagar sobre los gustos y preferencias.
- Formarse como usuarios.

Otra vuelta de tuerca

En el libro *Anastasia Asusórdenes* (Espasa), escrito por la norteamericana **Louis Lowry**, la protagonista trabaja como empleada de hogar en la mansión de una rica señora y una de sus primeras funciones es la de limpiar los libros de la biblioteca. Mientras limpia, va leyendo algunos de los títulos y, al mismo tiempo, imaginando de qué pueden tratar. Con el libro *Otra vuelta de tuerca*, de Henry James, su fantasía le lleva a pensar que puede tratarse de un libro de herramientas o de sexo.

A partir de esta propuesta surge la experiencia así denominada. Consiste en proponer a un grupo de alumnos y alumnas diferentes títulos y que vayan contando en qué puede consistir el argumento, en un libre torbellino de ideas. Esta experiencia puede resultar ideal, por ejemplo, para presentar novedades de una manera ingeniosa.

La metodología que se puede emplear quedaría más o menos así: una vez reunidos los alumnos, se presenta un libro —naturalmente, el animador lo ha de haber leído y los presentes han de desconocer de qué libro se trata— y, a partir del título, por ejemplo, *El niño con el pijama de rayas* (Salamandra), cada asistente debe decir lo que tal enunciado le sugiere en cuanto al tema y a los personajes. Al final de todas las intervenciones, el moderador o animador va descubriendo los argumentos de todos los libros presentados.

Para hacer más atractiva la presentación, puede sortearse un libro o bien entre todos los asistentes, o bien entre quienes hayan propuesto la respuesta más ajustada. Y al final, se puede hacer una exposición con todos los libros presentados. La experiencia no debe durar más de sesenta minutos y ni los libros que se presenten ni el número de asistentes deben ser demasiados para favorecer la dinámica del acto.

Con esta experiencia se alcanzan muchos objetivos:

- Favorecer la autoestima.
- Favorecer la participación.
- Desarrollar la imaginación.
- Crear expectativas e ilusiones.
- Autoformarse como usuarios.
- Aprender a respetar las opiniones ajenas.
- Aprender a escuchar.

Anexo A

Encuesta individual y externa

El bibliotecario	Sí	No
1. ¿Dispone de horas libres?		
2. ¿Son más de tres a la semana?		
3. ¿Tiene conocimientos básicos de biblioteconomía?		
4. ¿Tiene formación en LIJ?		
5. ¿Tiene experiencia en el cargo?		
6. ¿Asiste regularmente a cursos de formación?		
7. ¿Planifica estrategias de animación?		
8. ¿Tiene proyectos a largo plazo?		
9. ¿Tiene publicaciones al respecto?		
10. ¿Informa a los compañeros de las actividades?		
11. ¿Se elabora un plan anual de biblioteca?		
12. ¿Mantiene contactos con instituciones?		
13. ¿Se elabora una memoria final?		
14. ¿Goza del consenso general?		
15. ¿Se implica a favor de la lectura y la biblioteca?		
16. ¿Es creativo y tiene iniciativas?		

Los fondos. La organización	Sí	No
17.1. ¿Existen publicaciones periódicas?		
18.2. ¿Tiene fondos para uso del profesorado?		
19.3. ¿Tiene fondos para uso de padres?		
20.4. ¿Están centralizados todos los fondos?		
21.5. ¿Se hace expurgo anualmente?		
22.6. ¿Se reponen fondos periódicamente?		
23.7. ¿Existe un reglamento de régimen interno?		
24.8. ¿Están clasificados los fondos por edades?		
25.9. ¿Están clasificados los fondos por temas?		
26.10. ¿Están en buen estado de conservación?		
27.11. ¿Se tienen en cuenta las sugerencias de los usuarios?		
28.12. ¿Existen soportes diferentes al libro?		
29.13. ¿Es adecuada la proporción entre libros de ficción y documentales?		

Los fondos. La organización	Sí	No
30.14. ¿Es adecuada la relación entre fondos y número de lectores?		
31.15. ¿Existen fondos para lectores especiales?		
32.16. ¿Están centralizados los fondos?		
33.17. ¿Existen secciones especiales?		

El local, la decoración y el mobiliario	Sí	No
34.1. ¿Está distribuida en zonas?		
35.2. ¿Tiene ordenador?		
36.3. ¿Tiene conexión a Internet?		
37.4. ¿Tiene impresora?		
38.5. ¿Existe instalación de red?		
39.6. ¿Tiene teléfono?		
40.7. ¿Existe mobiliario adaptado a las diferentes edades?		
41.8. ¿Existen expositores de libros?		
42.9. ¿Tiene una decoración alegre y motivadora?		
43.10. ¿Está el mobiliario en buen estado?		
44.11. ¿Tiene puerta de emergencia?		
45.12. ¿Tiene puerta de acceso desde la calle?		
46.13. ¿Tiene una iluminación natural suficiente?		
47.14. ¿Tiene expositores para las revistas?		
48.15. ¿Existen muebles para una lectura relajada?		
49.16. ¿Dispone de estanterías abiertas?		
50.17. ¿Hay puestos para todos los lectores sentados?		
51.18. ¿Hay suficientes metros cuadrados por lector?		

La animación, la dinamización y la formación de usuarios	Sí	No
52.1. ¿Existe un plan reglado de animación?		
53.2. ¿Se hacen guías de lectura para profesores?		
54.3. ¿Se hacen guías para padres?		
55.4. ¿Existe un plan de lectura de centro?		
56.5. ¿Hay intercambio de ideas entre lectores?		
57.6. ¿Existen tablones de anuncios promocionales?		
58.7. ¿Se hacen exposiciones temáticas?		
59.8. ¿Hay visitas periódicas de autores?		
60.9. ¿Existe una guía de uso de la biblioteca?		

La animación, la dinamización y la formación de usuarios	Sí	No
61.10. ¿Se hacen conmemoraciones esporádicas?		
62.11. ¿Se hacen guías bibliográficas para alumnos?		
63.12. ¿Repercuten las actividades de animación en el nivel lector de los alumnos?		

El préstamo	Sí	No
64.1. ¿Se permite el préstamo a domicilio?		
65.2. ¿Están claras las normas de préstamo?		
66.3. ¿Está automatizado el préstamo?		
67.4. ¿Se reintegra el material no devuelto o deteriorado?		
68.5. ¿Hay préstamo a otros miembros?		
69.6. ¿Están satisfechos los usuarios con el servicio?		
70.7. ¿Se deduce de este servicio los libros más prestados?		
71.8. ¿Tienen los alumnos carnet de lector?		

Los recursos económicos	Sí	No
72.1. ¿Existe asignación anual fija?		
73.2. ¿Se concede al menos el 10% del presupuesto?		
74.3. ¿Hay aportaciones del AMPA?		
75.4. ¿Hay otras aportaciones externas?		
76.5. ¿Se consideran suficientes los recursos?		
77.6. ¿Se informa de los gastos y aportaciones?		
78.7. ¿Se adquieren con los fondos materiales no bibliográficos?		

Los horarios	Sí	No
79.1. ¿Permanece abierta durante el recreo?		
80.2. ¿Permanece abierta en horarios no lectivos?		
81.3. ¿Tiene cada tutor asignada una hora semanal?		
82.4. ¿Se tutelan las visitas en el recreo?		
83.5. ¿Se consideran suficientes estos periodos?		

Las relaciones internas	Sí	No
84.1. ¿Colaboran con la biblioteca una mayoría de docentes?		
85.2. ¿Colabora el equipo directivo?		
86.3. ¿Están claras las normas para todos?		

Las relaciones internas	Sí	No
87.4. ¿Están satisfechos con el servicio?		
88.5. ¿Tienen acceso los usuarios a los catálogos?		
89.6. ¿Se hacen reuniones periódicas entre profesores?		
90.7. ¿Hay un plan de seguimiento de las lecturas?		

Las relaciones externas	Sí	No
91.1. ¿Hay contactos regulares con otras bibliotecas públicas?		
92.2. ¿Hay contactos regulares con otras bibliotecas escolares?		
93.3. ¿Colabora el centro de profesores?		
94.4. ¿Hay encuentros con padres o tutores?		
95.5. ¿Hay contactos con otras instituciones?		

La revisión y evaluación anual interna	Sí	No
96.1. ¿Se evalúa anualmente el funcionamiento de la biblioteca escolar?		
97.2. ¿Participan todos los profesores?		
98.3. ¿Se tienen en cuenta las sugerencias propuestas en la evaluación anual?		
99.4. ¿Existe un modelo de encuesta adaptado a las necesidades del centro?		
100.5. ¿Se dan a conocer los resultados del cómputo?		

Anexo B

La evaluación general e interna

Modelo de encuesta para los profesores de un centro concreto.

1. La dotación bibliográfica te parece:

Bien	
Mal	
Regular	
Sin opinión	

2. El mobiliario te parece:

Bien	
Mal	
Regular	
Sin opinión	

3. La decoración y ambientación te parecen:

Bien	
Mal	
Regular	
Sin opinión	

4. La actitud y preparación del bibliotecario te parecen:

Bien	
Mal	
Regular	
Sin opinión	

5. La organización y distribución de los fondos te parecen:

Bien	
Mal	
Regular	
Sin opinión	

6. Juzga de 1 a 5 (1 = mínimo; 5 = máximo) las siguientes actuaciones o actividades:

- Guías de lectura	☐	☐	☐	☐	☐
- Exposiciones	☐	☐	☐	☐	☐
- Concursos	☐	☐	☐	☐	☐
- Alumnos auxiliares	☐	☐	☐	☐	☐
- Préstamo	☐	☐	☐	☐	☐
- Apertura al recreo	☐	☐	☐	☐	☐

7. ¿Qué actividades o actuaciones crees necesario eliminar o subsanar?

8. ¿Qué actividades o actuaciones crees necesario estimular o potenciar?

9. ¿Qué aspectos crees oportuno mejorar de cara al próximo curso?

10. ¿Crees que las actividades de la biblioteca han contribuido al incremento de lectores?

Sí	
No	
Sin opinión	

11. ¿Qué harías tú para incrementar el número de lectores?

12. Juzga de 1 a 5 (1 = mínimo; 5 = máximo) el estado actual de la biblioteca:

1	2	3	4	5

CAPÍTULO III
Animación a la lectura

> *La animación a la lectura está dentro del libro,*
> *y no fuera, como muchos piensan.*
> Pedro Salinas

Doce mandamientos para la animación a la lectura

1. Si aceptamos el principio de que no nacemos no lectores, sino que nos hacemos no lectores, o lo que es lo mismo, que todo lector incipiente necesita determinados estímulos para llegar a ser lector, debemos aceptar, asimismo, que los jóvenes, muy susceptibles, por otra parte, a cualquier actividad dinamizadora, no leen porque no se les motiva y estimula adecuadamente, y que la animación o motivación es un proceso previo a todo acto didáctico. Siempre hay un libro para un lector, el problema es encontrar el libro adecuado en el momento preciso. «Todos los niños nacen con el don innato de la curiosidad, que si no se excita, se desvanece», decía **Charles Dickens**.
2. Dado que los caminos que conducen a la lectura son muy personales y, a veces, insondables, podemos afirmar que «todo aquello que estimule el interés, afine la sensibilidad o abra la inteligencia, todo esto prepara la vida hacia la lectura» (**G. Patte**). Es decir, cualquier estrategia es válida si funciona, si sirve para excitar el interés y la curiosidad.
3. No obstante, y aunque no hay una actividad decisiva, debemos tener en cuenta que «el amor a la lectura depende de la tradición oral» (**D. Pennac**), lo que quiere decir que la narración oral se convierte en una estrategia animadora fundamental, dado que para el receptor supone ser oyente y lector al mismo tiempo, o sea, implica incitación y reflexión a partes iguales. Toda narración implica que los gestos de ternura y las inflexiones de la voz se mezclan con las palabras y por ello los maestros «deberíamos ser más cuentistas que contables». Para que una narración oral sea efectiva tiene que ser afectiva.

4. Cualquier tipo de actividad animadora despierta, como se dijo anteriormente, actitudes positivas. Pero para llegar al hábito y para consolidarlo se necesitan estrategias permanentes, se necesita una metodología, y aquí el papel del mediador es fundamental (**Juan Mata**). Luego, primero actuará el animador y después el educador. O también viceversa.
5. Solo puede motivar quien esté motivado, solo puede animar quien esté animado, solo puede transmitir amor por una disciplina quien la cultive y domine. El «buen maestro de lectura» no es el que impone la lectura, sino el que la comparte. «El entusiasmo de un profesor se trasvasa a los alumnos sin el menor esfuerzo» (**Carlos Murciano**).
6. La animación no conoce edades; cualquier edad puede ser buena para engancharse a la lectura, si bien es cierto que en las primeras edades, la capacidad de entusiasmo está más despierta. «Quien no encuentra el camino del libro siendo niño, ya no lo encontrará nunca más» (**Astrid Lindgren**). «El vaso conservará por mucho tiempo el aroma de la primera sustancia que contuvo», decía **Horacio**.
7. Nunca hay que desilusionarles con dificultades que no sean capaces de superar, nunca hay que imponerles un libro o una actividad que no esté a su altura, que les desilusione y desmotive. Más vale pecar por defecto que por exceso. Y cabe tener en cuenta que en el proceso lector, en el camino que conduce hacia la lectura, suele haber saltos atrás o regresiones, así como periodos blancos o de letargo y etapas de relecturas. No obstante, debe tenerse en cuenta que un libro debe ir siempre un poco por delante del lector, ayudarle a crecer, dado que «los niños están para crecer, no para quedarse en *Peter Pan*» (**C. S. Lewis**).
8. Si bien es cierto que las actividades en grupo o colectivas son necesarias, no deben privilegiarse en exceso sin que se deje tiempo para la reflexión y la meditación pausada. Además, «si algunas actividades ocupan mucho tiempo, pueden convertirse en una pantalla entre la persona y el libro» (**G. Patte**).
9. Cualquier actividad de animación debe, por definición, además de tener carácter grupal, tener una esencia fundamentalmente lúdica, distendida y voluntaria, diferenciada de las actividades cotidianas —recurrir a lo informal de vez en cuando—, aunque ello no significa olvidar que toda actividad pedagógica debe llevar implícito cierto grado de disciplina y control. Nunca deben ser actividades

evaluables ni recompensadas. «La gratuidad debe ser la única moneda del arte» (**D. Pennac**). Y no debemos confundir folclore con cultura; hecho, por otra parte, muy habitual.
10. Los dividendos de la animación solo son reconocibles y rentables a medio y largo plazo, por lo que se requiere paciencia y prudencia como cualidades que hay que observar. Animar y esperar resultados. Para ser eficaces, las actividades deben ser permanentes y bien planificadas. No hay que dejarse llevar por la improvisación, y hay que implicar en la medida de lo posible a toda la comunidad educativa.
11. Si bien es cierto que «el verbo leer no soporta el imperativo» (**Daniel Pennac**), la demanda no debe imponerse a la calidad, lo que significa que, sin descuidar los gustos de los lectores, debemos tomar con precaución las opiniones de los niños, siempre muy influidas por las modas y la publicidad.
12. Debemos tener en cuenta que los niños y los jóvenes leen, por su falta de experiencia y por su exacerbada imaginación, de diferente manera a como leen los adultos, y que les gusta y prefieren lo irreverente y subversivo. No existe nada que no se le pueda contar a un niño, todo depende de cómo se lo cuentes.

Tipología de las actividades de animación

Veamos la tipología de actividades de animación según el esquema propuesto en la *Guía práctica de la biblioteca escolar* (Fundación Germán Sánchez Ruipérez):

- Actividades de descubrimiento. Las orientadas al descubrimiento de las reglas del uso de la biblioteca escolar: ficheros, catálogos, buscar obras sobre un tema o un autor, descubrir una serie, un género, un editor o una colección…
- Actividades de animación alrededor de un libro. Todas las relacionadas con la promoción de la lectura: encuentros con autor, ilustradores, libreros, editores; exposiciones, debates, presentación de obras nuevas, librofórum…
- Actividades de placer. Las relacionadas con la hora del cuento o de la poesía, con los grupos de teatro, las marionetas, el cómic, los concursos de lectura, la clasificación de los mejores álbumes o novelas…

- Actividades de **gestión**. En las que participan los alumnos y se les responsabiliza para que sean autónomos: mantenimiento de paneles de anuncios, participación en la elección y compra de libros, expurgo, talleres de reparación...
- Actividades de **utilización**. Se trata de consolidar la lectura a lo largo de la escolaridad, multiplicando las situaciones funcionales de lectura con su aprendizaje, como son las técnicas de búsqueda documental y la lectura de textos literarios.
- Actividades de **producción de documentos**. Escritura de artículos para el periódico escolar, realización de fichas técnicas para la biblioteca, montaje de diapositivas alrededor de un libro, redacción de invitaciones, escritura de cuentos o de novelas, elaboración de carteles...

La animación a la lectura en diez principios

1. **Dosificación.** «Así como las plantas se ahogan por exceso de agua y las lámparas por exceso de aceite, lo mismo le ocurre a la acción del espíritu por exceso de estudio y de materia.» (MONTAIGNE)
2. **Oralización.** «Al niño a quien le gusta que otros le lean cosas, aprende a amar los libros.» (B. BETTELHEIM, K. ZELAN)
3. **Ficción.** «Para los niños, lo maravilloso siempre es bello. E incluso solo lo maravilloso es bello.» (A. BRETON)
4. **Emoción.** «Los niños no sienten curiosidad en perfeccionar un instrumento con el cual se les atormenta. Conseguid que ese instrumento sirva a su placer y no tardará en aplicarse a él.» (J. J. ROUSSEAU)
5. **Imitación.** «No creo en el lector espontáneo. Los que solemos tenernos por tales hallaremos en los orígenes de nuestra afición, si recapacitamos, estímulos y contagio.» (LÁZARO CARRETER)
6. **Variación.** «Creo que, en la literatura, la poligamia y el politeísmo no solo son lícitos, sino que son la única postura posible. El dicho evangélico "en la casa del padre caben muchas moradas" sirve también para la literatura.» (CLAUDIO MAGRIS)
7. **Desmitificación.** «Para reconciliar a los jóvenes con la lectura hay que recurrir de vez en cuando a lo informal.» (DANIEL PENNAC)
8. **Creación.** «Leer un libro no es pasar las páginas. Es releerlo, es reescribirlo. No enseñar a los niños que leer y escribir son casi la

misma cosa desde el punto de vista del ejercicio intelectual es un gran error.» (Paolo Freire)
9. **Consolidación.** «Los recorridos de los lectores son discontinuos. No hay que inquietarse: no se entra en la lectura como se abraza una religión.» (M. Petit)
10. **Formación.** «Solo consigue apasionar al alumno el profesor apasionado. Solo consigue ilusionarse con una disciplina la persona que la conozca y domine.» (Salvador G. Ordóñez)

Pedagogía del librofórum

Concepto y características

En uno de los pocos libros que se han escrito sobre esta estrategia[6] se afirma que «es una técnica que lleva consigo el análisis de un libro en toda su complejidad, pero que se orienta por el camino de la admiración más que por el del estudio». Es decir, se trata de desmenuzar la a veces compleja estructura de un libro sin perder de vista el aspecto lúdico de tal planteamiento, combinando la ortodoxia con la heterodoxia, lo académico con lo informal, del tal manera que se creen en torno al libro y a la lectura del mismo expectativas positivas de cara al fomento de la lectura, y no desencuentros. O lo que es lo mismo, una vez leído el libro por un grupo de alumnos —condición sine qua non—, mostrar o hacer visibles los cuatro tipos de reacciones tras un acto lector: personales o afectivas, interpretativas, críticas y creativas y siempre, por supuesto, de una manera oral, donde la palabra sea la predominante.

Tengamos en cuenta que el librofórum debe ser una actividad preferentemente oral, grupal, festiva y participativa, pues tiene muchos vínculos en común con la narración oral, salvo que, en este caso, el relato no sea conocido previamente por los oyentes.

Objetivos

Los objetivos o funciones que cumple un libro fórum bien planteado son muchos, desde los puramente literarios, a los sociales y personales:

---

6. Barrientos, C. (1986). *Librofórum, una técnica de animación a la lectura*. Madrid: Narcea.

- Hacer ver al lector las diferentes lecturas que una obra encierra y darle pistas sobre aspectos que se podrían escapar en una lectura no especializada.
- Dejar un poso agradable, un regusto que le haga valorar la literatura y reconsiderar la posibilidad de otras lecturas.
- Enganchar a los no lectores o poco motivados.
- Jugar con las posibilidades lúdicas y los recursos creativos que el libro encierra.
- Desarrollar el sentido de participación y la asistencia a actividades grupales o culturales, con reglas mínimas de convivencia.
- Despertar el interés por temas de debate e infundir espíritu crítico.
- Fomentar el respeto a las opiniones ajenas y acostumbrarse a exponer libremente ideas y opiniones.

Los componentes

Hay seis componentes a analizar en un librofórum: el mediador o intermediario, el animador, los lectores, el libro, el tiempo y el espacio.

El mediador

Cuando hablamos de mediador o intermediario estamos hablando del profesor o tutor de un grupo de alumnos. Su función o papel es en ocasiones tan determinante como el del animador.

En primer lugar, debe compartir la lectura con sus alumnos y estimular la lectura serena y reflexiva, discretamente, motivando las expectativas y excitando la curiosidad; nunca yendo más allá de la lectura misma, sin plantear propuestas que deben corresponder al animador. En segundo lugar, tras la lectura, su papel es el de «evaluar» la actividad de una manera desinhibida, haciendo fluir el diálogo y las opiniones, pero sin pedir nada evaluable a cambio. Y durante el acto en sí, ha de moderar, si ello fuera preciso, y mantenerse en un segundo plano. He sido testigo de profesores que se mantenían al margen de manera descarada o se alejaban de la sala con cualquier pretexto, lo cual redunda posiblemente en detrimento del acto mismo.

Debe tenerse en cuenta que cualquier estrategia de animación a la lectura depara actitudes positivas hacia el libro, y para que estas actitudes se transformen en hábito, entre otras, la posición del profesor es vital.

Puede darse la circunstancia de que el animador sea el propio profesor, pero prefiero que ambos no coincidan. Esto juega a favor de las ilusiones, la incertidumbre y la sorpresa y confiere más frescura al acto.

El animador

El animador es la figura clave del librofórum, capaz de dar brillo a un libro insulso o de naufragar en un texto con grandes posibilidades. Además es un gran conocedor del mundo de la literatura infantil: sus autores más relevantes, las obras más significativas, (incluyendo no solo a los clásicos, sino a las creaciones más recientes). Cuando se enfrenta al análisis de una obra, el animador debe de hacerlo con un método muy riguroso. Ha de ser capaz de explotar todas las posibilidades del libro, no se le debe escapar ningún detalle que pueda resultar de interés, y sobre todo, ha de ser ser lo más fiel posible a la idea que el autor quiso comunicar a sus lectores. A esto habrá que añadir referencias certeras y amplias del autor de la obra.

Otras cuestiones que debe preparar el animador, antes de enfrentarse con los lectores, son las preguntas que estos últimos pueden plantear, y para las cuales hay que tener previstas respuestas ingeniosas e imaginativas, sin olvidar una gran dosis de humor. Asimismo, y en el caso de que sea necesario romper el hielo, cuando nadie se atreva a formular preguntas, y de esta forma incitar habrá que improvisar preguntas atractivas y que animen a la concurrencia a la participación. De esta forma se incita a entrar en el debate a los indecisos.

En resumen, estamos hablando de un animador paciente, imaginativo, intuitivo, dotado de sentido del humor y buen conocedor de la obra literaria y su contexto.

Los lectores

Deben ver y sentir la actividad más como un juego —naturalmente, con unas normas que hay que respetar—, que como un rígido acto pedagógico engarzado en la rutina diaria de la clase. Dos cuestiones muy importantes son la edad y el número de asistentes. Respecto a la edad o nivel de los participantes, lo ideal sería hacerlo con niños a partir de 4.º curso de primaria, y 9 años, porque a esa edad tienen ya suficientemente desarrollada la capacidad reflexiva y de atención como para interesarse por un libro. No obstante, eso no excluye la posibilidad de realizar el librofórum con niños más pequeños, con resultados igualmente satisfactorios. En este último caso, es imprescindible que la actividad sea lo más dinámica posible.

El número de participantes también es relativo. Libros fórum con cien alumnos resultan a veces más gratificantes que con treinta. No importa tanto la cantidad como la calidad. De todas formas, lo ideal es trabajar con grupos de veinticinco o treinta niños. Lo que sí es realmente imprescindible si queremos que esta actividad resulte eficaz es que los asistentes hayan leído previamente el libro objeto de debate y su asistencia a la actividad sea voluntaria; también, que el grupo sea homogéneo y con los mismos intereses lectores. Finalmente, es preferible que no tengan conocimiento de las actividades o propuestas que se van a realizar.

El libro

Tal y como afirmaba **Carmen Barrientos**, «un libro bien seleccionado es motivador por sí mismo». El éxito o fracaso de una actividad de este tipo depende, en gran medida, del libro elegido. Todos los libros, a priori son susceptibles de ser un librofórum, pero son aquellos que encierran «dobles lecturas» o gran riqueza temática los que más posibilidades tienen de ser explotados adecuadamente. El libro elegido debe gozar del interés general, puesto que los que no se sientan identificados o atraídos por su lectura se desvincularán fácilmente de la sesión.

Una norma general que cabe tener en cuenta es que el periodo de tiempo transcurrido entre la lectura del libro y la realización de la actividad no debe ser muy amplio, ni tampoco ha de mediar, entretanto, otro tipo de lectura. Para que la lectura del libro mantenga su frescura en la mente del lector no deberían transcurrir, pues, más de quince días. Si la actividad resulta interesante y existe la posibilidad de repetir esta lectura colectiva, lo recomendable sería hacerlo dos o tres veces más al año, con títulos y autores diferentes, procurando mantener siempre el mismo grado de interés.

El espacio

Lo importante es que el espacio donde la actividad se desarrolle sea atractivo y amplio, con buena sonorización, y los asistentes se encuentren relajados y distendidos. Puede ser el aula, aunque es preferible un espacio apropiado a tales eventos si se dispone del mismo. El espacio, como ocurre con el libro, también puede ser motivador.

El tiempo

Una hora es el tiempo prudencial. La actividad no puede alargarse excesivamente si no tenemos el propósito de aburrir. Si los asistentes no participan o son poco receptivos (hecho que suele darse cuando el mediador o profesor no ha sido copartícipe de la lectura, dado que el entusiasmo de un profesor se trasmite a los alumnos de manera natural), lo mejor es cortar por lo sano. Para estos casos, siempre llevo en la recámara un manual con buenos relatos para contar o diferentes propuestas lúdicas, creativas y participativas.

Los tiempos o metodología

En todo librofórum, las actividades que se lleven a cabo deben ser de cuatro tipos: de explicación, de opinión, de reflexión y de ampliación o creación. Todas deben contener:

- El **prólogo** o lectura compartida y motivadora. La lectura del libro en cuestión puede realizarse de manera individualizada, pero recomiendo la lectura coral y compartida, guiada por la mano de un tutor implicado que se haga también cómplice y copartícipe. La lectura del libro por el tutor o profesor correspondiente es condición casi esencial para la motivación de los alumnos.
- La **presentación** o información sobre las reglas mínimas y básicas que se vayan a observar durante la realización de la actividad: mantener la atención, contestar solo cuando se pregunte, respetar los turnos y las opiniones…
- Las **propuestas** o grupo de actividades que conformen el núcleo de la cuestión. Tras la explicación de las normas, lo ideal es empezar por la presentación del autor y libro mismo, para seguir con una batería de preguntas que hagan descubrir al animador el grado de conocimiento que tienen los asistentes del libro en cuestión. Esta indagación voluntaria dará paso ya a las propuestas más literarias: tipo de personajes, título, argumento, etc.
- La **reflexión**. Una vez finalizadas las actividades diseñadas, se debe dar tiempo para aclarar las dudas de los asistentes y para la reflexión y el diálogo abierto a tres bandas, entre lectores, animador y profesor, que, naturalmente, debe hacerse presente durante el desarrollo de la actividad.
- El **postencuentro** o reflexión ya en el aula, tras el encuentro mismo, con la condición esencial de incitar a la lectura de nuevos títulos y a la recreación y recapitulación de lo leído.

Algunas actividades modelo

Las actividades que se proponen no son de gran dificultad, y esto tiene la ventaja de que pueden ser aplicadas a cualquier tipo de libro y público. Se resumen y agrupan en cuatro apartados: indagatorias o informativas, lúdicas o creativas, interpretativas y críticas. Son las siguientes:

- **Título**. Como señala **Juan José Millás**, el título es «el primer rostro de una novela». A través de él podemos acercarnos al libro. La actividad consiste en proponer varios títulos supuestos. Los participantes deben intentar justificar el porqué de tal título. También se les invita a crear nuevos títulos sugerentes que se les hayan ocurrido a partir de la historia.
- El **autor** o presentación escueta de su biografía. Hay un truco muy efectivo que suelo emplear, y es decir que conocí al autor y soy su amigo. Esto atrae mucho la atención de los oyentes, y les incita generalmente a hacer preguntas. Si no se conocen suficientes datos del autor, podemos intentar hacer un retrato del mismo a través de preguntas relacionadas con la temática del libro: ¿Qué creéis que le gusta?, ¿dónde pensáis que vive?...
- El **libro**. En esta actividad intentaremos primero indagar en el tipo de libro que tenemos, tanto en el contenido como en el continente: si es de bolsillo, si es en rústica y si se trata de novela, poesía, fábula, drama, comedia... También nos preguntamos qué actitud nos queda tras la lectura: risa, pena..., y sobre las dificultades encontradas.
- Juego del **sí y no**. En voz alta se proponen frases relacionadas con el libro, tanto verdaderas como falsas. A las primeras debe contestarse sí, y a las segundas, no. El mayor o menor acierto en las contestaciones nos permite conocer el grado de asimilación del texto. Este juego es recomendable solo para alumnos de cursos inferiores.
- Otros **finales**. No todos los libros se prestan a esta actividad. Se trata de que oralmente o por escrito (propuesta que pueden hacer a posteriori en clase con el mediador) encuentren los finales posibles a la historia que acaban de leer. Este trabajo despierta la creatividad y la afición a escribir, a la vez que les da a entender las diferentes posibilidades de construir una historia. No debemos olvidar que todo lector auténtico es un escritor y todo escritor es un buen lector.
- **Personajes**. El análisis de los personajes, sus características, el papel más o menos importante que desempeñan dentro de la trama nos permite profundizar en el mejor conocimiento de la obra. A continuación señalaremos alguna de las actividades que se pueden realizar con los personajes:

- Definir su modo de ser o pensar.
- Identificarlos con ayuda de citas o frases.
- Contrastar sus comportamientos positivos o negativos.
- Señalar personajes centrales y secundarios.
- Indicar el momento en que intervienen en el relato.
- Indicar el grado de interrelación entre los mismos

El juego de «¿Quién dijo?», o de quién es la frase que se propone, favorece el encuentro y conocimiento de los protagonistas.

- **Argumento falso.** Consiste en leer varios argumentos y acertar con el verdadero tras la lectura de unos cuantos donde se esconde alguna palabra o frase que nada tiene que ver con la historia. Esta actividad les hace ver el sentido de un argumento y mantiene la atención y la curiosidad.
- Otras **lecturas**. Es muy frecuente que los niños pasen por alto detalles esenciales de la obra, ya que al desconocimiento propio de la edad hay que añadir su espíritu inquieto, que conspira contra una lectura reposada. La función del animador consiste, en este caso, en sacar a la luz las intenciones del autor: ¿qué nos pretende transmitir?, ¿qué elementos críticos se pueden deducir?, ¿cuál es en definitiva la razón que nos indujo a elegir este libro y no otro?...
- **Ilustraciones.** Cuando las ilustraciones de un relato se prestan a ello, pueden ser motivo de una excelente actividad animadora, sobre todo, con los niños más pequeños. Esta animación puede hacerse directamente con el libro, a través de fotocopias o bien de diapositivas. Las imágenes nos permiten jugar a adivinar el texto original, o lo que resulta aún más divertido: inventar nuestra propia historia. Desde luego, si tenemos la suerte de contar con la presencia del ilustrador, entonces, la posibilidad de sacarle verdadero jugo a la narración se multiplica, y la actividad puede resultar enormemente atractiva.
- **Propuestas finales.** En ocasiones, si el libro objeto de animación se presta a ello, suelo entregar alguna actividad para desarrollar a posteriori en el aula. Siempre debe ser algo gratificante (una propuesta plástica, por ejemplo), que no ocupe ni mucho tiempo ni suponga mucho esfuerzo y que sirva para una profundización en el tema. Lo que generalmente suelo proponer son unas aleluyas estructuradas en viñetas sobre la historia en cuestión, de modo que se puedan colorear y dibujar; también —y parece requisito necesario— alguna guía de

lectura sobre el autor o un tema concreto, jugando siempre con la belleza de la guía en cuestión. Es una guía que les debe permitir seguir leyendo si así lo desean.

Encuentros con un autor y el librofórum

¿Qué separa un librofórum de un encuentro con un autor? ¿Cuáles son sus semejanzas o coincidencias? Naturalmente, un encuentro con un autor puede convertirse en un librofórum si el autor prepara la actividad concienzudamente, y no se limita a hacer un interrogatorio de preguntas y respuestas más o menos amañadas. El animador tendrá, obviamente, una visión más crítica del libro objeto de debate, mientras que el autor podrá incidir en las intimidades de los personajes y el proceso creativo, que solo él puede conocer. El animador necesita de una preparación específica en el terreno de la literatura infantil y juvenil, así como de técnicas de animación, cosa que al autor no se le exige. Finalmente, en el encuentro con un autor él es el protagonista, mientras que en el caso del animador, el protagonista debe ser el libro.

¿Y las nuevas tecnologías?

¿Es factible el empleo o recurso de las nuevas tecnologías en un librofórum? Un librofórum, como ya hemos dicho, debe ser una actividad donde la palabra y la escenificación sean las protagonistas.

Si se usa una proyección con Power Point, por ejemplo, debe ser como complemento o añadido. Suelo emplear este recurso como complemento a un libro que da poco de sí, o todo lo contrario, cuando necesito ampliar las informaciones de un libro o autor muy rico en propuestas. Es el caso de los libros del autor británico R. Dahl, para los cuales dispongo de un audiovisual explicativo con rimas de su vida y obra.

Cuando del libro en cuestión se ha hecho una versión cinematográfica, el recurso de proyectar la película tras el librofórum es un recurso muy útil, que les hace ver y comparar dos tipos de lenguaje.

Un ejemplo práctico

Veamos un ejemplo del libro *El Gran Gigante Bonachón*, de R. Dahl (Alfaguara). Es para los niveles del segundo y tercer ciclo de primaria.

El autor

Se trata de apuntar notas biográficas del autor del libro. En este caso, R. Dahl es un autor muy conocido y con una vida muy apasionante, que da mucho juego. Resalto, por ejemplo, su vida como piloto de combate y guionista de cine, o sus aventuras infantiles de catador de chocolates o calientarretretes, tomadas de sus autobiografías. Y enfatizo las versiones de su obra que se han llevado al cine, que son muy conocidas.

El libro
Profundizamos ahora en el conocimiento del libro en cuestión: género, ilustraciones, qué sensación nos deparó tras la lectura, el tiempo invertido en la misma, las dificultades que tuvimos al leerlo, el lugar y la época de la acción…

El argumento
A veces pido que alguien me explique, en pocas palabras, el argumento del libro. Pero lo habitual, dadas las dificultades que entraña resumir un libro, es que sea yo quien les lea el argumento, como actividad de síntesis y de recordar o «refrescar» lo leído. Para que la actividad sea más interesante, en ocasiones meto un gazapo en el argumento, que tienen que descubrir; se trata de descubrir el error que intencionadamente colé en el argumento verdadero.

En este caso, leo el siguiente resumen con gazapo incluido que se muestra subrayado: «La niña Sofía, que vive en un orfanato, es secuestrada por el Gran Gigante Bonachón y llevada al país de los gigantes, donde viven otros gigantes. Pero, a diferencia de los demás, el Gran Gigante Bonachón es vegetariano y un gigante soplasueños (pues coleccionaba y almacenaba sueños en tarros), que se erige en su protector. Entre ambos conciben un plan para acabar con los otros gigantes: el Gigante Bonachón sopla un sueño *al presidente de Estados Unidos* y este pide a los militares que encierren a los gigantes. Y lo nombran "soplasueños real"». (La frase verdadera es «a la reina de Inglaterra»).

Preguntas
Hacemos preguntas indagatorias para comprobar el grado de conocimiento y asimilación de la historia. Por ejemplo:

- ¿Cuántas niñas había en el orfanato?
- ¿Cuántos años tiene la protagonista?
- ¿Qué son popotraques?
- ¿Qué cualidad tiene Gasipum que lo diferencia de la gaseosa?
- ¿Cuál es el nombre de los nueve gigantes?

- ¿Qué le regaló el Gran Gigante al presidente de la India?
- ¿Cómo era el Gran Gigante Bonachón?

Juego del sí y no

Es una actividad que prolonga a la anterior, solo que en este caso se trata de contestar sí o no, pero justificando la respuesta. Este juego profundiza en el grado de conocimiento del libro. Una vez finalizadas las preguntas propongo, por ejemplo, que un grupo de alumnos diga frases verdaderas que tengan relación con la historia, y otro grupo frases falsas que no tengan nada que ver.

Pregunta	Respuesta
¿Al Gran Gigante Bonachón le pegan los otros gigantes?	sí
¿El Gran Gigante Bonachón se entrevista con la reina?	sí
¿A Sofía le gustan los pepinásperos?	no
¿Los nueve gigantes devoran a los niños?	sí
¿Los gigantes van en helicóptero?	sí

Otros títulos

Esta es una actividad muy interesante, que consiste en inventar otros títulos para la historia, pero siempre justificando el porqué de tal elección. Se trata de hacerles comprender la importancia de titular bien una historia y de las dificultades que entraña colocar un título adecuado.

El juego se plantea en dos modalidades. La primera consiste en proponer un título supuesto de mi invención y que se le busquen justificaciones; por ejemplo, «Un soplasueños real»; «Los pepinásperos»; «Antropófagos»; «El pozo de los gigantes»; «Un gigante en palacio»; «Tarros fantásticos». La segunda modalidad consiste en que sean los propios alumnos quienes inventen títulos y los justifiquen ante sus compañeros (para incentivar la curiosidad, les hago saber que el mejor de los títulos propuestos será remitido al autor para que lo tenga en cuenta en nuevas reimpresiones).

Juego creativo de las siglas

GGB son las siglas de «Gran Gigante Bonachón». Pero pueden significar también muchas otras cosas, dependiendo de la imaginación del alumno. Se trata, pues, de jugar a inventar nuevos significados para estas siglas. Por ejemplo: gigantes ganadores de batallas; gamberros gritando burradas; gran gala de bebedores; gigantes graciosos y buenos... Este juego puede desarrollarse oralmente, o mejor, por escrito, en grupo, dando tiempo para la reflexión. Es una actividad complementaria, es decir, que se realiza si la actividad es fructífera y el tiempo es suficiente.

Lecturas

Se extraen del libro, como colofón final, las diferentes lecturas que el texto nos depara, los variados mensajes que el autor nos quiso transmitir. Se deja que los lectores las vayan descubriendo por sí mismos, y, en caso contrario, soy yo mismo quien las voy poniendo en evidencia. Por ejemplo:

- crítica a la cobardía, la crueldad y la maldad;
- respeto a las diferencias y contra el sectarismo;
- los (guisantes) humanos son los únicos animales que se matan entre sí;
- hay personas que nos parecen horribles físicamente, pero son generosos y esconden gran sensibilidad.

Los encuentros con el autor

Los encuentros con el autor o autora son una de las actividades de animación a la lectura más populares y más utilizadas, posiblemente por dos razones: es una estrategia muy fácil para el maestro o profesor, pues apenas le implica en su desarrollo; y es una actividad muy útil para el autor y para la editorial, pues les reporta una publicidad y unos beneficios nada desdeñables. No obstante, para su correcta realización y para que no decaiga en una actividad rutinaria, meramente comercial y sin ningún atractivo, recomiendo unas reglas mínimas para poder llevarla a cabo con resultados positivos de cara al fomento de la lectura.

Un encuentro con el autor debe regirse por la regla del tres: tres momentos en la preparación de la actividad, tres protagonistas en la intervención y tres tiempos en la acción o desarrollo del encuentro concertado. El éxito o el fracaso de la experiencia, que a priori ofrece grandes posibilidades, dependen de la preparación de cada uno de los aspectos o personalidades que intervienen en estos procesos. Preparar un encuentro con el autor es una tarea que requiere tacto, por eso no debe dejarse a la improvisación y la casualidad. Un encuentro bien planificado puede reportar grandes beneficios; un encuentro que se improvisa o no se planifica adecuadamente puede resultar contraproducente. Por lo tanto, no se debe dejar tal actividad exclusivamente en manos de las editoriales, para que no se convierta en una mera operación de venta de libros.

Tres protagonistas

En esta actividad deben intervenir tres protagonistas que desempeñarán diferentes papeles complementarios (y de su actitud dependerá el éxito o el fracaso de la misma): el autor y su obra; el mediador, intermediario o moderador, y los destinatarios, espectadores o participantes.

Hay **autores** que escriben muy bien, que tienen éxito con sus libros, pero que fracasan cuando se ponen delante de un público infantil o adolescente. O al contrario, hay autores que no son de primera línea, pero saben conectar. Casi es preferible un autor con esta última característica, puesto que la imagen que le va a quedar al niño seguramente es la del personaje. El autor ha de estar dispuesto a contestar a todas las preguntas, por muy inverosímiles que puedan parecer, con sentido del humor y sin perder la serenidad. Mostrarse distendido, preparado para improvisar si la ocasión lo requiere, aunque el encuentro no debe dejarse a la improvisación, sino que ha de ser convenientemente estudiado con antelación, teniendo en cuenta la edad o nivel del auditorio. Ha de ser directo, claro, locuaz, sincero y riguroso.

Llamamos **mediador** al profesor que prepara el libro y que predispone a los alumnos para su lectura y para el encuentro. Su papel es tan importante como el del autor. Y decimos tan importante porque su función es intervenir antes, durante y después del encuentro. Antes, compartiendo la lectura con sus alumnos, sugiriéndoles temas de debate. Durante el encuentro, actuando de moderador para incentivar o aplacar (aunque siempre en un plano de discreción y cuando las circunstancias lo requieran). Tras el encuentro, para tantear, sugerir y ponderar los resultados.

Los **destinatarios** del encuentro han de reunir tres condiciones previas: naturalmente, haber leído el libro requerido; reunirse en grupos más o menos homogéneos, no muy numerosos, y estar dispuestos a participar si la ocasión lo requiere y a guardar unas reglas mínimas de compostura y respeto.

Tres momentos

Para una estrategia de este tipo, podemos hablar de tres momentos en la preparación de la actividad: la motivación, lectura o el preencuentro; el encuentro propiamente dicho, y el postencuentro. En estos tres momentos no solo desempeña un papel importante la elección del autor, sino también la del libro objeto de debate (no se concibe un encuentro sin la lectura previa de uno o varios libros del autor presente por parte de todos o una mayoría de alumnos y alumnas). La obra debe ser sugerente y asequible para un buen número de alumnos y representativa dentro de la bibliografía del autor

¿Cuánto tiempo debe transcurrir entre la lectura del texto o textos y el encuentro? La lógica nos dice que no mucho para que la memoria permanezca fresca. Digamos que entre quince y veinte días es un tiempo prudencial.

Tres tiempos

El encuentro en sí (una hora es un tiempo prudencial) debe estructurarse en tres tiempos:

- un primer tiempo de, aproximadamente, un cuarto de hora para la presentación del autor y la autopresentación: experiencias lectoras, motivos que le impulsaron a escribir, circunstancias que rodearon al libro, etcétera;
- un segundo tiempo de unos treinta minutos para el comentario: el título, los personajes, el lenguaje, el estilo etcétera;
- un tercer tiempo de unos quince minutos para preguntas y las consiguientes respuestas, con la intervención del moderador si fuera preciso (que debe estar dispuesto a preguntar si nadie lo hiciera).

Finalmente, se procede a la firma de ejemplares, requisito que los alumnos agradecen, pues les servirá para mantener vivo el recuerdo de la actividad y para que el libro forme parte afectiva de su biblioteca particular. También se puede entregar algún sencillo presente como recuerdo o regalo.

Conclusiones

Hay que elegir el autor más idóneo para contactar, por su discurso y personalidad con los lectores. También, el libro más adecuado dentro de la bibliografía del autor. Para los lectores de menor edad —hasta sexto de primaría— conviene la lectura de un solo texto; para lectores ya formados, puede seleccionarse más de un libro que permita contrastar estilos y técnicas.

Una vez seleccionado el autor y el libro, este debe ser leído conjuntamente por los alumnos y por el mediador para participar en el debate. Se buscará un marco adecuado para el acto donde autor y espectadores se encuentren cómodos.

Conviene preparar el evento con la suficiente antelación, mentalizando debidamente a los asistentes, no alargar la actividad desmesurada e innecesariamente y saber cortar a tiempo cuando no dé más de sí.

El mediador o moderador debe estar dispuesto a intervenir cuando las circunstancias lo requieran. Y el llamado postencuentro con el mediador servirá para recabar opiniones e indagar en las expectativas.

Los objetivos que se persiguen son:

- Conocer las vivencias y experiencias de un autor.
- Indagar en la estructura temática y argumental del libro en sí mismo.
- Conocer el proceso técnico que lleva a la escritura de un libro. Aprender a entablar un diálogo y a escuchar.

Las claves de los cuentos de hadas

Para un psicoanalista como Bruno Bettelheim, interpretar los cuentos de hadas significa descifrar las claves internas que encierran, de lo cual se encarga el subconsciente del receptor, que adaptará, de ese modo, la historia a su nivel de necesidad psíquica. Significa poner un poco de orden en datos que están en estado bruto.

Reseñamos aquí, de modo sintético, algunas de esas claves ocultas que se pueden encontrar en cualquiera de los denominados «cuentos de hadas».

Los números tres o siete

Ejemplos de la importancia de estos números son cuentos como *Los tres cerditos, Los tres mosqueteros, Blancanieves y los siete enanitos* o circunstancias físicas como *Los siete colores del arcoiris, Las siete notas musicales...*

Tanto el tres como el siete son números cabalísticos, presentes, en tal sentido, en todas las culturas y mitologías (la Santísima Trinidad; Adán, Eva y la serpiente; los tres reyes magos; los diez mandamientos —tres dedicados a Dios y siete, al prójimo—, etc.). El tres simboliza el agua, la tierra y el aire, o los elementos en que se desarrolla nuestra vida. O también, el ello, el yo y el superyó, o los tres aspectos de nuestra personalidad. «El tres es la superación de la dualidad, del enfrentamiento.» «Está en el origen de la arquitectura poética o novelesca: pareja más amante.» La obra de **Petrarca** *La Divina Comedia* está construida a partir de este número: elaborada en tercetos y con tres protagonistas (Virgilio, Beatriz y Dante).

Los números representan personas: el uno significa, en la mente infantil, el progenitor dominante (para los adultos, el jefe). El dos encarna a los padres. El tres representa al niño en relación con los padres, pero no con sus hermanos (el número tres se refiere siempre a sí mismo, sea cual sea la posición que ocupa el niño respecto a sus hermanos). Por eso cuando, en un cuento, el protagonista es el tercero, el oyente se identifica con él, porque dentro de la constelación familiar básica, el niño es el que hace el número tres, independientemente de si es el mayor, el mediano o el pequeño. Otro ejemplo: en su novela *Niebla*, **Unamuno** habla de «las tres facultades del alma»: inteligencia, sentimiento y voluntad, o lo que es lo mismo: cabeza, corazón y estómago.

El siete representa los días de la semana y además, eran siete los planetas conocidos y siete los metales preciosos. Aparece en la mitología y en la religión (siete pecados capitales, siete virtudes, siete sabios...). *La montaña mágica*, de **Thomas Mann**, está construida sobre este número. Y recordemos que el siete aparece 54 veces en el *Apocalipsis* de San Juan: los siete sellos, las siete tumbas, las siete copas de la ira de Dios, las siete cabezas de la bestia...

Perderse en el bosque

Significa, no la necesidad de ser encontrado, sino más bien, la urgencia de encontrarse a sí mismo. Significa un periodo de soledad y reflexión, necesario para resolver dudas que nos acechan.

Es más frecuente la madrastra cruel que el padrastro

En la vida normal de la familia, el padre está muy a menudo fuera de casa, mientras que la madre, después de dar a luz y criar a su hijo, sigue teniendo a su cargo los cuidados que este necesita. Por eso es lógico que un niño imagine que el padre no es lo más importante de su vida, y de ahí que pocas veces se sustituya al padre, originalmente «bueno», por el padrastro malvado; mientras que la figura de la madrastra es mucho más frecuente. Así se hace ver al oyente que sus madres son las mejores madres, aunque a veces les castiguen. «La madrastra —dice **Sibylle Birkhäuser**— es una figura materna devoradora que quiere comerse literalmente a sus protegidos; lo contrario a una madre obsequiosa, cuyo amor resulta estimulante para el niño.»

Muchos héroes caen en un sopor profundo o son resucitados
Así ocurre, por ejemplo, en *La Bella Durmiente*, o *Caperucita*, que vuelve a la vida desde el vientre del lobo. Todo renacer o despertar significa la consecución de un estadio superior de madurez y comprensión. No hay que preocuparse ni apresurarse para que las cosas ocurran. Cuando llegue el momento, el problema se resolverá por sí mismo. El renacimiento requiere un tiempo de concentración y sosiego en ambos sexos.

Disociación o bipolarización de ciertos personajes
La bipolarización (Caperucita es una niña obediente y desobediente al mismo tiempo), significa las dos personalidades que conviven en todo ser humano. La disociación de la figura de la madre (la preedípica, buena y maravillosa, y la madrastra edípica, cruel y malvada) permite que el niño obtenga lo mejor de dos mundos distintos: puede disfrutar de las fantasías de venganza frente a la madrastra del cuento sin sentir culpa ni miedo respecto al progenitor real.

Debe tenerse en cuenta que, en la vida de cualquier niño, siempre hay un momento en que la madre (o el padre) representa el lado bueno o malo; es decir, siente hacia él odio o amor. El cuento le permite externalizar esos sentimientos contradictorios.

Los personajes masculinos libertadores representados por cazadores
En el inconsciente, el cazador es un símbolo de protección. El cazador no es un personaje que mate criaturas inocentes, sino alguien que domina, controla y somete a bestias feroces y salvajes. A nivel profundo, simboliza la represión de las violentas tendencias animales y asociales que conviven en el hombre.

Las reinas acosan a sus hijas hasta matarlas
John Maxwell Coetzee, premio Nobel de Literatura en 2003, ofrece la siguiente explicación en su libro *Desgracia*: «A medida que un padre envejece, se vuelve cada vez más hacia su hija. Ella se convierte en su segunda salvación, en la novia de su juventud renacida». Por eso, las madres, las reinas de la casa hasta el momento, sienten celos de sus hijas jóvenes, las ven como rivales, sienten que van a perder el trono.

Hablar por medio de símbolos o con un lenguaje indirecto
Porque se dirigen al inconsciente y es este quien se encarga de descifrar los símbolos según su estado de ánimo. Además, este lenguaje simbólico permite que los cuentos sean asimilados por todas las culturas, lo cual da pie a la universalidad de este tipo de relatos.

Los malvados son siempre castigados
Si preguntamos a un grupo de oyentes infantiles si a la bruja o el ogro de un cuento —personajes arquetípicos por su maldad— se le castiga o perdona, la mayoría pedirá el castigo. Y esto ocurre porque el niño tiene una mentalidad simple. Para él, las cosas son blancas o negras, buenas o malas. El mal necesita encarnarse en personajes muy caracterizados, y el niño solo se sentirá seguro si sabe que las personas malvadas encuentran siempre un castigo

Anonimato de los personajes
El anonimato de los cuentos favorece las capacidades de proyección e identificación, puesto que los cuentos de hadas tienen por protagonistas a gente corriente y moliente. Si se cita algún nombre, se trata o bien de nombres descriptivos y muy generales que aluden a una cualidad (Cenicienta, Caperucita, Blancanieves), o bien de nombres muy corrientes que se convierten en genéricos (Juan, por ejemplo).

Aparte del héroe, ningún otro protagonista tiene nombre. Un rey y una reina no son más que disfraces de una madre y un padre, lo mismo que un príncipe y una princesa son de un chico y una chica. Ni hadas, ni gigantes, ni brujas tienen nombres. Si nos fijamos en las historias más recientes, siguen asimismo esta norma: *El pequeño príncipe*, *El soldadito de plomo*, *El patito feo*... Incluso **R. Dahl** no puso nombre al protagonista de uno de sus relatos que más semejanza tiene con los cuentos tradicionales: *Las brujas*.

El significado de los enanitos en algunos cuentos

Los enanitos son personajes masculinos que no han logrado completar su desarrollo. Casi siempre trabajan en las minas, por su habilidad para penetrar en los agujeros, y tienen connotaciones fálicas. Por eso, Blancanieves, el más popular de los personajes de cuento que desenvuelve parte de su vida entre ellos, puede vivir tranquilamente con los enanitos, sin ningún peligro para su sexualidad; aprendiendo a ser mujer, a estar preparada para cuando llegue el príncipe que desea. Son, pues, iconos maternales, símbolos de la madre buena que está ausente.

Los zapatos de Cenicienta y el ataúd de Blancanieves son de cristal

El cristal es frágil. Por tanto, esa fragilidad simboliza la transitoriedad de una situación determinada, o algo que se puede romper fácilmente, que no va a durar mucho tiempo. Al romperse, se pasa a una nueva situación, que era la esperada.

Así, el ataúd de cristal en que los enanitos meten a Blancanieves nos da a entender que esa situación no es perecedera, que pronto se romperá para pasar a una nueva vida; en este caso, a la unión con el príncipe de sus sueños. Los zapatos de cristal de Cenicienta dan a entender al receptor del relato que, por estar hechos de esa materia, a su poseedora pronto le acontecerán hechos nuevos que la transportarán a una nueva vida. El cristal explica las circunstancias de un ser humano que vive solo a medias. Significa, también, la vanidad de muchas personas, el deseo de ser observadas y admiradas. El féretro de cristal transforma a Blancanieves en un objeto de exposición, digno de ser contemplado por su belleza. Es visible, pero, de momento, inalcanzable.

Significado de la manzana

La manzana no solo simboliza el amor y el deseo sexual en los cuentos de hadas, sino también en otras muchas mitologías (cabe recordar el simbolismo de la manzana de Adán y Eva y cómo ello supuso la pérdida de la inocencia). Y es un atributo de Venus, la diosa del amor.

En *Blancanieves*, la manzana representa la madurez sexual. Cuando come la manzana que le presenta la madrastra (la parte roja o envenenada) significa que ha llegado al fin de su inocencia sexual y al inicio de una nueva vida; por eso cae en un sueño del que los enanitos ya no pueden despertarla. Únicamente puede hacerlo un hombre (un príncipe, en este caso) con un beso.

Las figuras masculinas son débiles o inasequibles
Los cuentos de hadas son documentos maternales. De ahí que la relación entre madre e hijo sea muy importante, y que se enfatice más en ella, por lo que supone de efectivo para la consolidación del yo. Y por eso se tiende a devaluar el papel de los padres.

El héroe siempre corre el peligro de morir por falta de alimento
El acto de alimentarse tranquiliza a los niños, les consuela y hace que se sientan seguros. El acto de ser alimentado ha colocado ya los cimientos del yo. El comer tiene ramificaciones simbólicas que trascienden la biología.

Ausencia o muerte de la madre
Así ocurre en *Blancanieves*, *La Cenicienta*, *La piel de asno* o en *La sirenita*. Hasta el siglo XIX, el parto era una de las principales causas de mortalidad de la mujer, lo que no es de extrañar, pues padecía de frecuentes embarazos a lo largo de su vida. Existían muchos niños huérfanos de madre, que se han convertido, así, en protagonistas de multitud de obras clásicas y actuales. Por eso era corriente sustituir a la esposa fallecida por una madrastra, puesto que las exigencias de la vida rural y campesina obligaban a los hombres a buscar nueva madre y compañera. Esto desde el punto de vista histórico. Psicológicamente, la muerte de la madre obligaba a los niños a enfrentarse por sí mismos a circunstancias adversas, que ponían a prueba su capacidad de sobrevivir.

Canibalismo o antropofagia
El canibalismo se da en *Pulgarcito*, *Hansel y Gretel*, *Blancanieves* o *La Bella Durmiente*. Supone la justificación de que el personaje que es capaz de practicar tal acto merece ser castigado con la muerte más horrible, pues comer carne humana es el acto éticamente más censurable de todos. Recordemos que, cuando la bruja intenta comerse a los hermanos Hansel y Gretel, es arrojada al horno, donde se quema. Y este acto lo vemos como correcto, puesto que la acción de la bruja es reprobable.

Los objetos mágicos
Estos objetos aparecen cuando el héroe o protagonista del cuento tiene necesidad de ayuda inmediata, se encuentra ante un peligro inminente que no es capaz de superar por sí mismo. Están en relación con lo que los psiquiatras denominan «objetos transicionales», como juguetes pre-

feridos, animales, o incluso objetos intangibles, como sonidos, olores o sabores; los cuales generalmente sirven para consolar de la ausencia de la madre, de modo que actúan como defensa contra la soledad. Por ello, salvan la distancia psicológica que va de la madre como objeto externo a la madre como una presencia interior. Recuerdan los objetos que provocan una «conexión simbólica con una presencia perdurable, principalmente maternal».

«En el cuento —dice **Fernando Savater**— las herramientas, las armas mágicas y los disfraces son emblemas de la cualidad moral enérgica y confiada que puede alzarse sobre la mera fuerza bruta». Y así es: la pelota simboliza el psiquismo infantil narcisista todavía no desarrollado (la pelota de oro del cuento *El rey rana* como doble símbolo de perfección —esférica y de oro—); la ceniza representa la inferioridad respecto a los propios hermanos; una existencia entre cenizas puede representar tanto la época feliz al lado de la madre (al calor del hogar) como la tristeza ante la pérdida de una madre (la muerte, por ejemplo).

Algunos animales

Los **perros** representan el yo. Es el animal que el niño ve como más parecido al hombre y que simboliza una libertad instintiva y, al mismo tiempo, unos valores superiores, como la lealtad y la amistad. Se les puede domesticar para que repriman su agresividad y desde siempre, han ayudado al hombre.

Los **pájaros** representan el superyó. Como pueden volar y elevarse muy alto, simbolizan la libertad que posee el alma para encumbrarse sobre lo que nos ata a nuestra existencia terrenal.

La **rana** y el **sapo** simbolizan el ello. Son el símbolo de la sexualidad. En cuanto al inconsciente, le transmiten al niño la idea de que, a medida que vayan creciendo (la rana pasa por diferentes estados antes de hacerse adulta), su sexualidad se desarrollará también. En el preconsciente, el niño identifica las sensaciones de viscosidad y humedad de la rana con las que se atribuyen a los órganos sexuales. La capacidad que tiene la rana para hincharse cuando está excitada provoca asociaciones con la erección del pene.

El **lobo** simboliza el ello: tendencias egoístas, asociales, violentas y destructivas.

Y con la presencia del **caballo** se le está diciendo al oyente que posee en su propio cuerpo los medios suficientes para conseguir lo que desea.

¿Algunos cuentos de hadas favorecen la mentira?

Esto ocurre por el papel positivo que la mentira desempeña en el desarrollo del niño. A veces, el hecho de mentir permite a los niños liberarse mentalmente de sus padres, y todo apunta a que es un paso previo en la consolidación de la imaginación. Hay que hacerles ver, no obstante, que una cosa son las mentiras generosas y otras, las mentiras que perjudican a los demás, perniciosas.

Los héroes, libres de vínculos familiares

Valentina Pisanty sostiene que los héroes carecen de vínculos familiares para «conseguir no enraizar el mundo del cuento con el mundo de la experiencia real». Al estar libres de ataduras, los héroes tienen más libertad de acción y, además, el oyente no se siente vinculado afectivamente.

No somos conscientes de los efectos de los cuentos o no recordamos sus claves implícitas

En primer lugar, hay que tener en cuenta que cada cuento contiene muchos niveles de lectura y solo nos quedamos con el que nos interesa en un momento determinado; es decir, los mensajes de los cuentos de hadas contienen soluciones, pero nunca son explícitas o evidentes, sino que cada cual debe extraer de una manera intuitiva en él lo que le conviene.

Además, debe tenerse en cuenta la relación de semejanza que los cuentos mantienen con los sueños: ambos tratan de los problemas internos que nos agobian, con la diferencia de que en los sueños no se dan soluciones y en los cuentos sí. Y, al igual que no nos acordamos la mayoría de las veces de lo que soñamos, y dado que nuestra memoria es selectiva, tampoco nos acordamos de lo que el cuento nos aportó en un momento concreto de nuestra vida.

Siempre un final feliz

El final feliz (excepto en la versión de *La Caperucita Roja* de Perrault, el único cuento que no tiene final feliz) se explica por tres razones principales:

- para liberar las tensiones y angustias acumuladas a lo largo del relato;
- para que la externalización de los problemas del oyente sea eficaz;
- para que el oyente o lector comprenda que hay cierta esperanza en la solución de su «caos interno».

Alusiones eróticas o sexuales

El sexo era el argumento central de muchos cuentos de hadas. El ejemplo más conocido es la versión de Perrault sobre *Caperucita Roja*, que está repleta de alusiones eróticas, puesto que iba dirigido a los adultos.

Hay otros cuentos también con estas alusiones; *El príncipe rana* es uno de los más conocidos, e incluso en *La sirenita*, de Andersen, el sexo está muy presente. No obstante, cuando los clásicos cuentos de hadas fueron adaptados para los niños, esas connotaciones fueron suprimidas o aligeradas. El mejor ejemplo de estas adaptaciones es *La Caperucita Roja*, que en la versión posterior de los hermanos Grimm pierde parte de sus alusiones sexuales.

Las preguntas del narrador

Estas son las preguntas básicas que todo contador de historias debe plantearse tras la lectura o exposición de un cuento a sus oyentes: ¿cuentos clásicos o actuales?, ¿demasiada fantasía?, ¿hasta qué edad?, ¿cuánto tiempo y cuándo contar?, ¿explicamos los contenidos?, ¿pedimos algo a cambio?, ¿repetimos la misma historia?, ¿interrumpimos el relato una vez iniciado?, ¿hacemos advertencias previas?, ¿y el miedo en los relatos clásicos?, ¿pasó de verdad?, ¿qué vocabulario?, ¿y la identificación con los protagonistas?, ¿por qué siempre un final feliz?, ¿por qué las fórmulas de apertura y cierre?, ¿cómo contar y qué actitud adoptar?, ¿cuál es la disposición idónea del narrador y de los oyentes?, ¿es necesaria la adaptación?, ¿son para niños?, ¿qué función cumplen en la sociedad actual?, ¿qué diferencia el cuento con otros géneros?

¿Clásicos o actuales?

De tal modo las características de los cuentos clásicos y la estructura psíquica infantil se ensamblan, que **Bruno Bettelheim** (1980) llegó a decir: «los cuentos de hadas son únicos, y no solo por su forma literaria, sino también como obras de arte totalmente comprensibles para el niño, lo que ninguna otra forma de arte es capaz de conseguir».

Por su parte, **Angelo Nobile** (1992), citando a Buhler, hace una síntesis de los elementos que hacen que los cuentos de hadas se adapten, como anillo al dedo, a la psique infantil: la supresión de detalles superfluos y ausencia de descripciones (el mundo del cuento es un mundo plano, donde las figuras resaltan y se distinguen nítidamente gracias a la técnica del apelativo puro y simple, al dominio del atributo único); pocos personajes y muy bien definidos (la estructura oral se basa más en la acción que en la descripción, de ahí que no sea necesario crear personajes complejos. Además, los personajes se mueven por estímulos externos más que por impulsos internos y son personajes por los que no pasa el tiempo). Se da una estructura episódica cerrada e indeterminación de la estructura espaciotemporal; los sentimientos primitivos de los protagonistas; ausencia del uso de la primera persona; la moral ingenua, maniquea y dogmática muy en consonancia con el realismo moral infantil descrito por Piaget, etc.

Por otra parte, el paso de boca en boca durante milenios dio al cuento clásico una estructura narrativa ideal, adaptada a la mente del niño, con pensamientos fijos, a modo de fórmulas preestablecidas necesarias en aquella cultura oral donde había que repetir constantemente el conocimiento que se había adquirido para refrescar la memoria.

Estas fórmulas siguen siendo válidas para el aprendizaje del niño. Y lo más importante: dan forma, de modo implícito, a problemas existenciales, a contenidos morales imperecederos inherentes a todo ser humano, e intentan buscar una solución. «No dicen —expresa **Fernando Savater**—[7] que la vida sea idílica, tranquila, armónica, siempre gratificante: dicen que para quien lucha bien, la vida es posible sin dejar de ser humana».

Hasta tal punto esto es importante, que el Premio Nobel **Isaac B. Singer** teoriza así:[8] «Por muy pequeños que sean los niños, se sienten angustiados por problemas filosóficos y reflexionan sobre temas como la justicia, el sentido de la vida y de la muerte. De niño hacía las mismas preguntas que más tarde encontré en Platón, Aristóteles, Spinoza, Kant, Shopenhauer. Los libros infantiles deben responder, de modo sencillo, a estos interrogantes, al igual que la Biblia».

¿Demasiada fantasía?

Respecto a la fantasía de los cuentos clásicos, debemos hacernos dos preguntas: ¿existe en realidad la fantasía?, ¿precisa el niño de fantasía?

Referente a la primera cuestión, **Jesualdo** (1982) dice: «imaginar es recrear realidades». Y añade: «las hadas existen porque los hombres las

---

7. Savater, F. (diciembre 1988). «Lo que enseñan los cuentos». *CLIJ*, n.º 1.
8. Singer. I. (1989). *Cuentos judíos*. Madrid: Anaya.

han creado; todo lo que se imagina es real. Es imposible imaginar algo que no haya tenido por base una imagen real». Y citando a Anatole France, continúa: «si los griegos veían centauros, sirenas, arpías, etcétera, era porque habían visto anteriormente hombres, caballos, mujeres, peces y pájaros. No hay en el mundo sobrenatural ni un átomo que no exista en el mundo natural: los ángeles son niños con alas, el demonio hombre con cuernos y cola, los centauros mitad caballo y mitad hombre...»; es decir, «lo fantástico surge de una sobredomesticación de lo real», en palabras de **Jacqueline Held** (1987).

Pero también es cierta la proposición inversa: partir de lo real para llegar a lo fantástico. Citemos nuevamente a Jesualdo: «Desde la más remota antigüedad, los hombres soñaban con la posibilidad de moverse rápidamente sobre la Tierra (la fábula de las botas de siete leguas) y domesticaron el caballo. El deseo de nadar más rápido que la corriente de un río consiguió la invención de los remos y las velas. Soñaban con la posibilidad de hilar y tejer en una sola noche una enorme cantidad de paño y eso fue lo que dio lugar al nacimiento de la rueca». Además, la ya citada J. Held dice que «todos los géneros son portadores de lo imaginario para quien sepa hacerlo surgir».

Por consiguiente, una vez demostrado que realidad y fantasía se confunden, que son una parte de la otra, parece justo reconocer que fue precisamente el «temor a la fantasía» lo que hizo desaparecer los cuentos de hadas. Los niños, dado que carecen de pensamiento abstracto hasta bien entrada la pubertad, según han demostrado investigaciones recientes, necesitan de la fantasía para dominar la realidad, es decir, precisa de «hormonas psíquicas», en expresión de **Ortega y Gasset**, y la fantasía se las suministra en abundancia, sin peligro de sobredosis. «No hay que tener miedo a la fantasía, pues no es lo irreal lo que les atormenta, sino lo real inalcanzable», asegura Jesualdo.

J. Held se pregunta: «¿la ficción literaria frena o favorece la construcción de lo real?», o, dicho en otras palabras, «la propuesta fantástica y la hipótesis científica: ¿no pueden, a veces, sustituirse una por otra?». Contesta **G. Rodari**:[9] «Pienso que Newton hizo los descubrimientos que todos conocemos porque tenía una mente abierta en todas direcciones, capaz de imaginar cosas desconocidas. Tenía una gran fantasía y sabía usarla. Y hace falta una gran fantasía para ser hombre de ciencia. Por ello —reafirma— la utopía es tan educativa como la realidad». «La

---

9. Rodari, G. (1982). *Atalanta*, Barcelona: La Galera.

fantasía ni destruye ni ofende a la razón», apostilla **Tolkien**.[10] **Elena Fortún** dice:[11] «Es doloroso que el niño, siempre imaginativo, se vea defraudado por exceso de realidades». De la misma opinión era **Chesterton** al afirmar: «El reino de las hadas no es más que el luminoso reino del sentido común».

¿Hasta qué edad contamos?

Mi experiencia docente me dice que incluso en la adolescencia son bien aceptados los cuentos de hadas o populares. El quid consiste en contar con seriedad, en creer en lo que se hace. Debe tenerse en cuenta que muchos de estos cuentos (*Caperucita Roja*, por ejemplo) tratan de los problemas de la pubertad en clave fantástica, y Piaget demostró que el pensamiento del niño sigue siendo animista hasta la pubertad.

Tal y como dice **Fernando Savater** (1983), narración oral y adolescencia van íntimamente ligadas: «A ellos (niños, adolescentes) pertenecen las narraciones, que amueblan su mundo junto con la masturbación, el acné y las zozobras religiosas». Nunca hay que perder de vista la narración oral. «Cuando las hadas y los duendes dejen de interesarles, puede recurrirse a los mitos divinos para que lo maravilloso no desaparezca en absoluto del relato», dice **Elena Fortún**.

¿Cuánto y cuándo?

¿Cuánto debe durar la exposición oral de un cuento? Si el cuento es, por definición, un relato breve («el cuento —dice **Juan Cervera** (1991)— es la conversación más larga que se puede mantener con un niño»), y si contar un cuento es, según **Sara C. Bryant** (1984), «un método excelente para formar hábitos de atención», debe tenerse en cuenta que la capacidad de atención de los niños es limitada.

Digamos que no hay un tiempo prudencial, pues todo depende del hábito de los oyentes y del interés del relato. Téngase en cuenta que la atención está íntimamente vinculada al interés y que «atraer la atención» es lo mismo que «suscitar el interés». Cuando un niño no presta la atención debida a un cuento de forma reiterada, el problema excede del narrador para interesar al psicólogo. Mi experiencia me dice que, por lo general, son niños con problemas, producto la mayoría de las veces de desarraigos familiares o sociales, o de desajustes en su personalidad.

---

10. Tolkien (1983). *Árbol y hoja*. Barcelona: Minotauro.
11. Fortún, E. (1991). *Pues señor...* Palma de Mallorca: Olañeta.

Y ¿cuándo contar? Posiblemente, el mejor momento es a primera hora de la mañana, cuando la capacidad de atención está más despejada y la mente más lúcida, dispuesta a la reflexión. Si se contaban al anochecer y antes de acostarse, era para que el oyente se durmiera pensando en la historia, soñara con ella.

¿Explicamos los contenidos?
Fernando Savater, al referirse a Walter Benjamín, dice: «La mitad del arte de narrar consiste en mantener libre de explicaciones la historia que se reproduce. Narra lo extraordinario, lo maravilloso, con la mayor de las exactitudes, pero no apremia al lector con el contexto psicológico de lo sucedido. Queda este libre para disponer las cosas tal y como las entiende...». **Lewis Carroll** habla de «regalo de amor» cuando alude a los cuentos de hadas, que es, sin duda, la mejor definición que se ha hecho nunca. Es decir: regalo de amor y por amor, sin pedir nada a cambio, para que el afortunado receptor haga con él lo que le convenga, sin dar a nadie explicaciones. Esa es la diferencia que separa los cuentos de las fábulas, que son moralistas, «exigen y amenazan», en expresión de **B. Bettelheim**; quien añade: «Las interpretaciones de los adultos, por muy correctas que sean, privan al niño de la oportunidad de descubrir por sí mismo los contenidos ocultos; además, es desagradable hacer consciente lo que alguien desea mantener en el preconsciente».

No obstante, es importante que el narrador comprenda el mensaje que el cuento transmite a la mente preconsciente del niño, aunque, repito, sin descubrirlo, para que el oyente lo reelabore y reescriba. Todo eso, naturalmente, siempre que aceptemos que el cuento de hadas contiene un problema vital que el niño va descodificando paulatinamente.

¿Pedimos algo a cambio o dejamos tiempo para pensar?
«Cuando se leen cuentos a los niños —dice **B. Betelheim**— no se les da la oportunidad de reflexionar sobre los relatos ni de reaccionar de ninguna manera.» Si en los cuentos de hadas «toman cuerpo de forma simbólica los fenómenos psicológicos internos», se necesita un tiempo de reposo para descifrar y meditar. Dicho en otras palabras: hay que permitir que el niño extraiga sus propias conclusiones, puesto que los cuentos clásicos enfrentan al oyente con los conflictos humanos básicos (al igual que se hacía con los pacientes de la medicina tradicional hindú, a los que se pedía que reflexionaran sobre un cuento para encontrar una

solución a la confusión interna que obnubilaba su mente). Únicamente cabe escenificar, que permite dar vida y vivencia a los personajes.

¿Y si piden la misma historia una y otra vez?

Es corriente que los niños pidan que se les cuente la misma historia una y otra vez, o relean un libro infinidad de veces. Pero ¿por qué lo hacen? Sencillamente, porque el relato ha tocado fondo, ha calado en su espíritu y necesita meditar. El cuento se dirige al inconsciente del niño, intenta poner orden en su «caos interno». Por ello, la misma historia le dirá cosas diferentes según su estado de ánimo y los intereses del momento (Caperucita, para un niño de corta edad, es un cuento sobre la desobediencia. Para niños de mayor edad, en la prepubertad, es un relato sobre el despertar de la sexualidad).

Bruno dice: «He conocido niños que, después de contarles un cuento, decían "me gusta", y por eso sus padres le contaban otro, pensando que este nuevo cuento aumentaría su placer. Pero el comentario del niño expresa una vaga sensación de que esta historia tiene algo importante que decirle, algo que se le escapará si no se repite el relato y no se da tiempo a captarlo».

Ana Pelegrin (1982), expresa lo mismo con otras palabras: «Esa apetencia de la reiteración del cuento se emparienta con la necesidad de reiteración que siente el niño, de conocer, reconocer, asegurarse, conquistar la realidad, crecer. Cuando comprendemos al niño, colaboramos en este interés profundo y le contamos una y otra vez la misma historia, hasta que es comprendida en su interioridad y lentamente retenida en su memoria». Y **Rolande Filión** dice:[12] «Para poder comprender mejor el interés de un niño en pedir que le cuenten una y otra vez un cuento, es suficiente hacer la comparación con algunas de nuestras canciones preferidas. No nos cansamos de escuchar las mismas palabras y la misma música porque aquello despierta en nosotros emociones y sentimientos». Los niños tienen más actividad física que poder de concentración; es por lo que prefieren la repetición de un cuento ya conocido.

No obstante, **Juan Cervera** se interroga sobre el riesgo de monotonía: «La bruja siempre tiene poder absoluto; la torre es inaccesible; el bosque es profundo; el jardín está prohibido… ¿Engendra esto evasión o monotonía?».

---

12. Filión, R. (1990). «¿Para qué leer cuentos a los niños en edad de Kinder?». *Revista Lurelú*, 1990 (citado en *Parapara*, n.º 14).

¿Interrumpimos el relato una vez iniciado?

«Una vez comenzado el relato, no rompáis jamás su mágico encanto con una reprimenda a un niño que está haciendo muecas o con un reproche a aquella pequeña que no escucha», comenta la ya mencionada Sara.

Por su parte, **C. Meves**[13] parece decir lo contrario: «Es necesario narrar despacio con el objeto de darle al niño la oportunidad de que interrumpa y haga preguntas. Es muy importante responder a esas preguntas con mucho cuidado y prestando mucha atención, pues, dado que los niños se identifican con el héroe, mediante estas preguntas y observaciones, nos están suministrando, sin saberlo, una información acerca de su talante interior, sobre su manera de pensar y sobre sus problemas».

Digamos que no hay una regla universal y, tal y como dice Sara, «confiemos en que el sentido común resolverá por sí mismo la dificultad del momento». Y el sentido común nos dice que sería adecuado dejar las preguntas para el final, previa advertencia al respecto (las respuestas de Meves y Sara, pese a las apariencias, no son contradictorias: la respuesta de Meves es la de una psicoanalista, preocupada por el «teatro interior». Como narradores, preferimos la opción de Sara). Una excepción a esta excepción, apuntada por **Elena Fortún**, es: «dejad que se rían sin interrumpir hasta que haya pasado el momento y luego seguid contando». Si, a pesar de todo, es necesario interrumpir el relato por una u otra causa, sería conveniente volver de nuevo a empezar desde el principio.

¿Hacemos advertencias previas?

Elena Fortún dice que sería conveniente advertir: «este cuento que voy a contar es de risa». Y ello debido a que los más pequeños no son sensibles al humorismo, que indica madurez del espíritu y necesitan que la narradora comience a reír para que ellos la sigan.

Otras observaciones preliminares deben estar basadas en despertar el interés del oyente, en mantener en vilo su atención hacia el relato. En este sentido, jugar con la afectividad del niño («se trata de un cuento sobre un niño que no tenía mamá», por ejemplo), o con el título, que la mayoría de las veces, cuando es sugerente, llama la atención del oyente (los diminutivos, en muchos casos, actúan de revulsivo: Pulgarcito, Caperucita, los enanitos…).

---

13. Meves, C. (1978). *Los cuentos en la educación de los niños*. Santander: Sal Terrae.

¿Y el miedo? ¿Y la crueldad?

Es cierto que muchos relatos clásicos incluyen fragmentos que producen angustia y miedo al niño oyente, lo cual es motivo suficiente de rechazo por parte de muchos adultos. Por lo tanto, respecto al miedo, conviene aclarar algunos conceptos:

- el miedo es inherente al ser humano;
- el niño necesita echar fuera los miedos y vencerlos;
- más que del cuento, el miedo depende de la actitud del narrador y del modo de narrar.

Para la psicoterapeuta **Hélene Brunschwig**[14] «el miedo es un sentimiento importante para construir la personalidad del niño. Si el niño tiene la impresión de que los adultos que le rodean no conocen el miedo o, al contrario, tienen tanto miedo del miedo que lo censuran, su angustia irá en aumento. La literatura infantil está llena de personajes monstruosos: lobos, ogros, brujas... Se nace con el miedo. Ya desde pequeño se tiene miedo de perder el amor de los padres, miedo a estar solo, miedo a la agresividad de los demás, miedo a la muerte (el niño, a solas en su habitación, puede estar tan aterrorizado como Blancanieves en medio del bosque). Los gigantes, brujas, etcétera, tienen un papel indispensable: permiten que el niño dé forma a sus angustias. Por ejemplo: si un niño tiene miedo de ser devorado, su miedo puede materializarse en una bruja. Entonces le resulta fácil librarse de ella cociéndola en una caldera».

Por su parte, Jacqueline Held, siguiendo a Freud y a Piaget, expresa que «existen temores que el niño busca, pues le dan seguridad. Así como el juego del escondite cura al niño del temor físico, los cuentos lo curan de una angustia más compleja. Por ello es benéfico que un niño vea proyectados, en forma de ficción literaria, sus propios temores o angustias, pues los efectos de lo fantástico están, siempre, más en función de una atmósfera dada que de los aparentes temas explícitos (no es lo mismo contar Caperucita con un tono serio que con un clima de humor)».

«Es curioso que ciertas narraciones infantiles sean tan crueles. ¿Cuál será su objetivo? —se pregunta **Santiago Gamboa**—. Tal vez sugerir, con maldades exageradas, la refinada maldad que les espera en la vida

---

14. Revista *CLIJ*, Barcelona, nº 2, 1989.

adulta, haciendo surgir en ellos antenas de defensa, actuando como un linimento que endurece, de forma lenta, las frágiles fibras de su exquisita inocencia».

A pesar de todo, **Rodari** (2006) explica así la actitud de ciertos niños que padecen de temores tras la lectura de determinados cuentos: «Si el niño siente el miedo angustioso de quien no consigue defenderse, es necesario reconocer que el miedo ya estaba en él antes de que apareciese el lobo de la historia. Estaba dentro de él como un conflicto escondido. El lobo es el síntoma que nos revela el miedo, no su causa». Y añade: «Si es la mamá la que narra la historia de Pulgarcito abandonado en el bosque con sus hermanos, el niño no teme correr la misma suerte y puede apuntar toda sus atención sobre la destreza del pequeño héroe. Si la mamá no está, los padres están fuera y otra persona le cuenta la misma historia, le puede asustar: pero solo porque le revela su situación de abandono. ¿Y si mamá no volviese? He aquí el tema de su repentino miedo: He aquí proyectada, sobre el "eje de la narración", la sombra de temores inconscientes, de experiencias de soledad: el recuerdo de aquella vez que se despertó, llamó y llamó y nadie respondía. La "descodificación" no se produce según leyes iguales para todos, sino según leyes privadas, personalísimas. Solo en líneas generales se puede hablar de un oyente tipo: de hecho, no existe un oyente igual a otro». Es decir, todo depende del cuándo, del quién y del cómo se cuenta, de las circunstancias personales del oyente y de la actitud del narrador.

No es necesario, pues, modificar o suprimir la supuesta crueldad de los cuentos: «donde un adulto visualiza literalmente la cabeza de un ogro cortada, un niño solo interpreta que el problema se ha resuelto. Como en el lenguaje de los sueños, cada mente hace su propia traducción» (Casdan, 2000). Un niño no hace las extrapolaciones que hace un adulto.

¿Pasó de verdad?

A esta pregunta debe contestarse que es solamente un cuento, o bien una historia basada en un hecho real pero adornada, o en fin, una historia totalmente verdadera; debe responderse la verdad. Pero a los niños, en el fondo, no les interesa la respuesta, puesto que ya la saben, dado que la mayoría de los cuentos ofrecen una respuesta incluso antes de que se pueda plantear la cuestión, al principio de la historia, con los comienzos estereotipados: «En tiempos de Maricastaña», «Había una vez»… Además, la realidad de su entorno le está diciendo que tales cosas no son ciertas.

«Lo que los niños quieren decir cuando preguntan ¿es verdad? —dice **Tolkien** citando a A. Lang— es como decir: ¿podría suceder lo mismo ahora?; ¿estoy a salvo en mi cama? Es decir, quieren saber, en primer lugar, si la historia le va a dar la seguridad que necesita; y por otra parte, desearía que el relato aportara algo a sus preocupaciones íntimas. Nace del deseo que el niño siente de saber qué tipo de literatura tiene delante».

Cervera, en el libro citado, lo expresa así: «el niño se encuentra ante algo que sabe que no es, pero le gustaría que fuera». «Para el niño, no haya nada más verdadero que lo que desea», apostilla el vienés B. Bettelheim. Además, como escribe **G. Jean**, «las hadas están ahí precisamente para que no se crea en los cuentos».

A pesar de todo, a veces dudan. Y como siempre, es la actitud del narrador la culpable. Roald Dahl,[15] un extraordinario contador, nos dice: «Aunque yo era muy pequeño, no estaba dispuesto a creerme todo lo que me contara mi abuela. Sin embargo, hablaba con tanta convicción, con tan absoluta seriedad, sin una sonrisa en los labios ni un destello en la mirada, que yo me encontré empezando a dudar».

¿Y el vocabulario de los cuentos?

¿Es necesario que el niño oyente comprenda todas las palabras? ¿Adaptamos el vocabulario en función de los oyentes? ¿Explicamos las palabras desconocidas?

Las palabras desconocidas actúan como «varitas mágicas capaces de transformar en maravillosa la realidad más mostrenca». Es necesario que el oyente se dé un «baño de lenguaje», en expresión de **J. Held**, quien diferencia entre lenguaje herramienta y lenguaje creador y añade: «Del mismo modo en que se retarda la maduración de un niño hablándole en un "lenguaje bebé", también lo empobrecemos ofreciéndole textos cuyo vocabulario ya maneja por sí mismo. Postular que se debe dar al niño de tal edad un texto claro y simple, hecho con palabras conocidas y reutilizables de inmediato sería admitir que el texto en cuestión se dirige solo al intelecto del niño… Un texto es recibido no solo en el nivel de la inteligencia, sino en el nivel de la sensibilidad y de la imaginación. Privar al niño de palabras desconocidas sería privarlo de un material esencial de juego y de sueño».

---

15. Dahl, R. (1985). *Las brujas*. Madrid: Alfaguara.

«Deja que te envuelvan las palabras, como la música», le responde la bibliotecaria a Matilda,[16] cuando esta afirma que Hemingway dice cosas que no comprende del todo.

¿Y qué sucede con el lenguaje arcaico? ¿Es necesario traducir los cuentos a un estilo más actual? Al respecto, afirma la ya citada C. Meves: «precisamente ese lenguaje arcaico le transmite a los niños la idea de que aquí se está tratando de algo muy antiguo y misteriosamente lejano. Y esa lejanía proporciona simultáneamente la posibilidad de una cierta distancia que le permite al niño no verse forzado más allá de sus posibilidades».

¿Y la identificación?

En los cuentos populares, el anonimato de los personajes favorece las capacidades de proyección e identificación. G. **Patte** (1998) lo expresa con estas palabras: «el anonimato de los personajes, reducidos a una función social o psicológica —el padre, la madre, la bruja, el tonto— le otorga al cuento su carácter objetivo, condición, a la vez, de identificación fácil y de comunicación». Y cuando el protagonista tiene nombre propio, generalmente es un nombre genérico o muy común en la cultura correspondiente (Juan, María, por ejemplo).

Pero ¿cómo proceder cuando el nombre propio del protagonista coincide con el de uno de los oyentes? (y digo uno, porque cuando coincide con varios, los efectos son distintos). G. **Rodari** (2006) dice al respecto: «Cuando he ido a las escuelas a cumplir mi deber de narrador, he dado a los personajes los nombres de quienes escuchaban, he alterado los nombres de posición para adaptarlos a los que ellos conocían. El nombre actuaba como un revulsivo, como un refuerzo del interés y la atención, porque constituía un reforzamiento del mecanismo de identificación». O sea, es el mecanismo de identificación por dos vías distintas. Y solamente hacemos una apostilla a la observación de Rodari: se ha de actuar con precaución cuando se trate de cuentos burlescos, donde el protagonista queda ridiculizado.

¿Por qué las fórmulas de apertura y cierre?

Estas fórmulas tradicionales («Había una vez...», «Y fueron felices y comieron perdices...») tienen su significado e importancia. Por ejemplo: las fórmulas de apertura alejan la historia del contorno próximo e

---

16. Dahl, R. (1989). *Matilda*, Madrid: Alfaguara.

inmediato. Sirven para el distanciamiento con un relato que pueda resultar trasgresor o herir la sensibilidad del oyente. Y además, fomentan la fantasía. Las llamadas fórmulas de cierre sirven para aliviar la tensión acumulada y dar un respiro. El oyente sabe que por muy agresiva o destructiva que sea una historia, hay una solución.

«Érase una vez —aclara **M. Petit** (2000)— es la frase más absurda, más improbable gramaticalmente, más azarosa, más arriesgada, más dramáticamente funambulesca, salvaje, chiflada, desesperada, profunda, imposible, definitiva, que nunca, de labios humanos, se hubiese alzado por encima de la barrera del Sol…». Y **Tolkien** incide en lo mismo: «Por lo que hace al comienzo de los cuentos de hadas, difícilmente se podrá mejorar la fórmula "érase una vez". Tiene un efecto inmediato… Un comienzo así no resulta pobre, sino significativo. Crea de golpe la sensación de un mundo atemporal, grandioso e ilocalizable».

¿Cómo decir y qué actitud adoptar?

La dicción debe ser clara; el tono, no monocorde (aunque imitar la voz de los personajes depende de la edad de los oyentes: un tono de cabritilla para niños de diez años puede resultar ridículo); el discurso, pausado (no contar de un tirón, sino dejar espacios en suspenso cuando la ocasión lo requiera); la actitud, relajada y abierta; el talante, risueño.

Tomar en serio tanto el relato como a los oyentes. Contar con absoluta seriedad, creer en lo que se hace, tomar en serio incluso la historia más inverosímil. Vivir el relato y conocer su mensaje íntimo, aunque sin transmitirlo a los oyentes. **Menéndez Pidal** decía que las tres esenciales condiciones juglarescas eran «el donaire, la voz y la fiel memoria». Y **Sara C. Bryant** matiza: «Decir mucho en pocas palabras: ese es el verdadero arte de narrar».

Y otra cuestión es: ¿Contamos o leemos? ¿Y leer con apoyo de imágenes? La forma idónea de proceder es contar. «Contar —dice **G. Jean**— no es leer ni dramatizar. Contar es saber de modo muy riguroso la trama de la historia». ¿Y cuáles son las ventajas de contar? **Bruno Bettelheim**, aludiendo a la importancia de contar, dice: «Cuando se le habla a un niño, el adulto responde a lo que capta en sus reacciones». Es decir, contando se puede mirar a los ojos del receptor, estar pendiente de sus reacciones y actuar en consonancia.

¿Y contar o leer con apoyo de imágenes? Bettelheim piensa que «las ilustraciones distraen más que ayudan», y añade que «las imágenes dirigen la imaginación del niño por derroteros distintos de como él experimentaría la historia». **Dora Pastoriza** (1975) insiste en la misma cuestión: cuando se cuenta con el apoyo de imágenes, «el mensaje va al ojo, no al oído; y el ojo es menos seguro que el oído, porque no posee el don del eco». Luego, cuando se cuenta, hay que asegurar la posibilidad de repetición, de sonoridad, de meditación. Y es importante la intermediación del educador, del contador, de la persona que sea capaz de transmitir confianza y seguridad: «solo gracias a las personas se convierte el educando en persona».

¿Cuál es la disposición idónea de narrador y oyentes?

¿Contamos de pie o sentados? ¿Gesticulamos, nos movemos? ¿Cuál es la indumentaria idónea? Hay una norma elemental: no distraer a los oyentes con movimientos absurdos o vestimenta inadecuada. Hay que moverse, pero por dentro; o sea, hay que conmoverse. Los oyentes deben estar relajados y predispuestos a escuchar con unas normas elementales que deben tener en cuenta. La disposición en semicírculo es lo ideal: permite el control eficaz de los oyentes por parte del narrador sin apenas mover los ojos; además, une a los receptores, que compartirán alegrías, miedos y tristezas más unánimemente.

¿Es necesaria la adaptación?

No todos los cuentos son aptos para una lectura en voz alta, puesto que el lenguaje oral está sometido a unas reglas peculiares (cadencias, ritmo, etcétera). Adaptar significa, en primer lugar, conferirle un lenguaje oral caso de que careciera de él, pero también tener en cuenta otros factores, como la duración (diez minutos es un tiempo máximo prudencial por cuestión de la atención significativa), o imponerle un título que sugiera al oyente de qué va a tratar el relato y, principalmente, tener constancia de la importancia del manejo de la lengua: emplear palabras que se correspondan con su mundo, emplear vocablos como recurso estilístico (por ejemplo, diminutivos, que generalmente provocan una reacción afectiva), o frecuentes reduplicaciones, que favorecen la memorización. **José María Guelbenzu** dice: «A los cuentos populares hay que bañarlos, vestirlos y peinarlos».

Siguiendo el ejemplo propuesto por Elena Fortún, cuando se cuenta el cuento de *La gallina Picoreta*, no es lo mismo decir: «Entonces pensó que debía avisar al rey de lo que pasaba y *saltando* fue hasta que se encontró con el gallo Cantaclaro», que decir: «entonces pensó que debía avisar al rey de lo que pasaba y *saltando*, *saltando*, *saltando* fue hasta que se encontró con el gallo Cantaclaro». Esta manera de hacer comporta un compás de espera que permite al niño ver lo que escucha, y además, sirven para que, mientras que el narrador llena las pausas, con la mente busca otra idea.

Los auténticos cuentos populares reflejaban un sentimiento crítico de los humildes frente a los poderosos. Fueron los adaptadores y recopiladores los que hicieron desaparecer, por conveniencia, estos fundamentos críticos, y los convirtieron, a veces, en reaccionarios. Esto demuestra la importancia de la adaptación.

¿Son para niños?

¿Por qué en muchos cuentos de hadas hay exhibicionismo, violencia y *voyeurismo*?, se pregunta **Sheldon Cashdan**. Por la sencilla razón de que los cuentos de hadas nunca fueron pensados para los niños, sino concebidos como entretenimiento para los adultos, como divertimento de una elite cultural. Así, de los más de 200 cuentos recogidos por los hermanos Grimm en sus *Cuentos de la infancia y del hogar*, apenas se suelen reproducir una docena en los libros infantiles.

No fue hasta el siglo XIX cuando muchos cuentos de hadas pasaron a la literatura infantil. Esto se debió —recuerda el autor— a la actividad de unos vendedores ambulantes —los *chapmen*— que viajaban de pueblo en pueblo vendiendo objetos domésticos, partituras y libritos baratos, los *chapbooks*. Estos libritos solían contener cuentos de hadas, simplificados para atraer a los lectores menos dotados. Así fue como los padres los compraban para sus hijos y los niños se apropiaron de ellos.

Tolkien es de la misma opinión que Cashdan cuando afirma: «La asociación de niños y cuentos de hadas es un accidente de nuestra historia doméstica. En nuestro mundo moderno e ilustrado, los cuentos de hadas han sido relegados al "cuarto de los niños", de la misma forma que un mueble destartalado y pasado de moda queda relegado al mismo cuarto, en razón sobre todo de que los adultos ya no lo quieren. (Los cuentos de hadas son la mayor parte de los desechos literarios con que la Europa de los últimos tiempos ha estado atiborrando sus desvanes.) Como grupo o clase, a los niños no les agradan los cuentos de hadas más que a los adultos, ni los entienden mejor que ellos… Son jóvenes y están creciendo y, por regla general, tienen buen apetito, así que, también por regla general, los cuentos de hadas bajan bastante bien a sus estómagos».

También **C. S. Lewis** (2000) da la razón a Tolkien —no en vano eran buenos amigos— y teoriza de la misma manera: «Suponer que existe una afinidad específica entre la niñez y las historias sobre cosas prodigiosas es como suponer que existe una afinidad específica entre la niñez y los sofás de estilo victoriano. Si en la actualidad solo los niños leen este tipo de historias, no es porque los niños como tales tengan una especial predilección por ellas, sino porque las modas literarias no les afectan. El gusto por estas historias no es un gusto específicamente infantil, sino un gusto normal y constante de la humanidad, que en los adultos se encuentra momentáneamente atrofiado por influencia de la moda… Haber perdido el gusto por los prodigios y las aventuras no es más digno de celebración que haber perdido los dientes, el cabello, el paladar y, por último, las esperanzas».

¿Qué función cumplen en la sociedad actual?

Entre los pueblos primitivos, los cuentos o historias orales cumplían tres funciones básicas: socializadora, iniciática y crítica. Explicaban el mundo y la vida (pensemos en la Biblia); transmitían la experiencia y los acontecimientos y hacían la crítica de la propia sociedad, generalmente a través de los cuentos de animales humanizados.

En la actualidad, las funciones de los cuentos pueden agruparse en los siguientes apartados:

- Enseñan a escuchar, a compartir, a convencerse del poder de la palabra, a fortalecer la memoria.
- Estimulan la fantasía creadora, el pensamiento divergente.
- Ayudan en la comprensión del mundo, porque responden a preguntas eternas: ¿cómo es el mundo?, ¿cómo tengo que vivir en él?, ¿cómo puedo ser realmente yo?
- Conectan con el pasado, con la tradición, con el «sustrato arquetípico y mitopoético de nuestra cultura». Son una obra de arte popular que debemos conservar. Para algunos, la única obra de arte comprensible para la mente del niño.
- Ayudan a construir estructuras mentales para establecer relaciones como «yo, los otros», «yo, las cosas», «las cosas verdaderas, las cosas inventadas». Sirve para tomar distancias en el espacio (lejos, cerca) y en el tiempo (una vez, ahora; antes, después; ayer, hoy, mañana).
- Ponen orden en el «caos interno» del niño: algunas pulsiones inconscientes del niño pueden expresarse mediante el juego, por ejemplo. Pero las tensiones demasiado complejas o peligrosas pueden expulsarse mediante los cuentos.

- Enseñan de manera indirecta, pues tienen significado a distintos niveles. Solo el oyente puede saber qué significados son importantes para él en un momento, dada la función socializadora, y le permiten ensayar roles sociales en la fantasía.
- Exaltan valores universales como la amistad, el valor, la lucha contra la injusticia, la honradez, la generosidad.

¿Qué diferencia el cuento popular de otros géneros?

Siguiendo las explicaciones de **Bettelheim**, las diferencias del cuento popular o clásico con otros géneros similares son las siguientes:

- Con el apólogo: el apólogo es un cuento con moraleja.
- Con la novela: el cuento es más breve y menos complejo estructuralmente.
- Con la leyenda: están ligadas a una época y a un lugar, y apenas contienen un desarrollo argumental o intriga.
- Con la fábula: las fábulas tienen una moraleja que dificulta la reflexión final, son de un moralismo evidente y tienen un carácter represivo que impide un final feliz.
- Con la Biblia: Dios es el tema central y da respuesta a cómo llevar una vida virtuosa, sin ofrecer soluciones a los problemas del inconsciente para los que ofrecen la represión como única solución.
- Con los sueños: los sueños son el resultado de pulsiones internas que no han encontrado alivio. Los cuentos son el alivio de todas las pulsiones. El control de los sueños se da a nivel inconsciente. La mente consciente realiza el control de los cuentos.
- Con los mitos: los cuentos tienen un final feliz, frente al final trágico de los mitos. Son optimistas, frente al pesimismo de los mitos. En el mito participan héroes sobrehumanos, ante los cuales somos inferiores, mientras que los protagonistas del cuento son personajes normales o antihéroes, con los cuales nos identificamos. Todos los personajes míticos tienen nombre, pero en los cuentos el nombre es genérico. En el mito se vence a otras personas, en el cuento se vence a uno mismo y a la maldad.
- Con el cuento actual: el tradicional no fue creado pensando en los niños y el actual sí. El tradicional refleja un didactismo elemental y universal, mientras que el actual tiene un ámbito más reducido. El tradicional se apoya en la interpretación de sus símbolos, mientras que el actual no.

Mitos de la lectura juvenil

El papel del maestro ante la lectura

Que los niños y jóvenes adquieran el hábito lector es un objetivo que continuamente se persigue, pero que raras veces se alcanza. Un sinfín de dificultades de toda índole se cruza en el camino que hay entre el lector y el libro. Quizás, entre estos obstáculos, determinados tópicos en la enseñanza de la lectura son los más habituales. Son como mitos inalterables que cuesta mucho desterrar. Analizamos seguidamente algunos de los más consistentemente arraigados entre quienes tienen la tarea de despertar aficiones lectoras.

La lectura consultada o la opinión de los niños

Conocer los gustos de los lectores, estar al tanto de sus preferencias e intentar satisfacerlas es una de las tareas prioritarias de cualquier animador. Hay que tener en cuenta, siguiendo la opinión de **Jorge Larrosa**, que «la lectura es experiencia cuando confluyen el texto adecuado y el momento preciso». Resumiendo: la tarea del buen animador se reduce a buscar el texto idóneo y el momento y lugar oportuno para que la lectura se transmute en placentera.

Ahora bien: ¿Significa esto atenerse siempre a los gustos y demandas de los jóvenes lectores, tener en cuenta sus preferencias y opiniones? Sin descuidar sus opiniones, debemos tener en cuenta, en primer lugar, que los niños están muy influenciados por las modas y la publicidad y en segundo lugar, todo educador debe saber que «los niños están para crecer, no para quedarse en Peter Pan», lo que significa que un libro debe ir siempre por delante del lector, tirando de él, ayudándole a crecer.

Además, la función esencial del maestro o profesor es siempre promover la excelencia, tal y como queda reflejado en la opinión de **Marc Soriano:**

> El gusto de algunos niños por ciertos libros me recuerda la devoción que sienten por el chocolate. ¿Dejaríamos que se alimentasen solo de chocolate?
> Los intereses que expresan los niños tienen una enorme importancia y sería una locura y una estupidez no tratar de conocerlos; pero se trata, de todos modos, de datos que el adulto deberá tratar de comprender e interpretar. Todo lo que agrada a los niños no es necesariamente bueno para ellos. Y todo lo que podría ser bueno para ellos no necesariamente les gusta en un primer momento, aunque con el tiempo lleguen a apreciarlo.

De modo que hay que considerar sus gustos como un dato que, con el correr del tiempo, cambia y se profundiza. Considerarlos algo definitivo, reconocerles un valor absoluto bajo pretexto de que son «espontáneos» —algo que está muy lejos de ser cierto— es, a la vez, cometer un error científico y renunciar a nuestra tarea educativa. La función esencial del maestro es la de transmitir su experiencia. La educación es, en primer término y ante todo, un esfuerzo por el cual el adulto conduce al niño de un gusto a otro, de una idea confusa a otra más clara; un diálogo por el cual busca formar su capacidad de sentir, juzgar y actuar.

La lectura selectiva

> *El vicio de leer es expansivo y en él se pasa de los hechizos literales a los hechizos literarios.*
> FERNANDO SAVATER

¿Puede un niño leer de todo? ¿Qué tipo de lecturas le convienen? ¿Debemos seleccionar sus lecturas? ¿Solo buenos libros?

Lo primero que cabe preguntarse es: ¿qué es un buen libro? «Un buen libro es el que tiene un significado concreto para un lector individual y da significado a lo que experimenta en su vida diaria». Luego, un libro que deja indiferente a un lector determinado puede emocionar vivamente a otro y dejar en él la semilla de la afición. Además, no es la clase de lecturas o de libros lo que importa, sino más bien el uso que el individuo concreto hace de esos libros y de esas lecturas. O sea, muchos lectores se ganaron con *El Principito* o *Platero y yo*, pero la mayoría accedió a la lectura a través de Sandokán, Zane Grey, Guillermo o los tebeos y los cuentos populares.

Los niños, debido tanto a su falta de experiencia como a su exacerbada imaginación, leen de diferente manera a como lo hace un adulto. Es el ejemplo propuesto —ya citado— para los cuentos de hadas: donde un adulto ve la cabeza de un ogro cortada, un niño solo ve que la historia ha llegado a su fin.

«¿Cómo se forma el gusto lector?» —se pregunta el Premio Andersen **Aidam Chambers**—. «A través de la lectura voraz e indiscriminada», contesta. **Daniel Pennac** también cree que el buen lector es un lector omnívoro y entre los derechos imprescriptibles del niño lector, refiere el derecho a leer cualquier cosa: «durante cierto tiempo, leemos indiscriminadamente las buenas y las malas novelas. Y cierto día, sin darnos cuenta, nuestros deseos nos llevan a la frecuentación de las buenas… La mera anécdota ya no nos basta. Ha llegado el momento de que pidamos a la novela algo más que la satisfacción inmediata y exclusiva de nuestras sensaciones».

Savater participa de las opiniones de Pennac: «No se puede pasar de la nada a lo sublime sin paradas intermedias; no debe exigirse que quien nunca ha leído empiece por Shakespeare… y que los que nunca han pisado un museo se entusiasmen de entrada con Mondrian o F. Bacon. Antes de aprender a disfrutar con los mejores logros intelectuales hay que aprender a disfrutar intelectualmente».

Volvemos a recordar al escritor italiano **Claudio Magris**, premio Príncipe de Asturias de las Letras, cuando afirma: «creo que en la literatura la poligamia y el politeísmo no solo son lícitos, sino que son la única postura posible: el dicho evangélico "en la casa del padre hay muchas moradas" sirve también para la Literatura». Y reconoce cómo «del mar de *El Corsario Negro* de Salgari llegaría al mar mucho más vasto de Conrad, Stevenson o Melville».

Peter Hartling, un autor caracterizado por sus temas del realismo duro, afirmaba: «No existe nada que no se le pueda contar a un niño. Todo depende de cómo». Si nos retrotraemos a los cuentos clásicos —y en especial a los de hadas—, en ellos se daban cita todos los problemas existenciales —muerte, sexo, violencia, crueldad, celos, envidia—, pero de tal manera tratados que la mente de un niño podía captar estos mensajes implícitos de la manera más propicia a sus intereses.

Quizá haya sido el escritor inglés **R. L. Stevenson** quien haya hecho el alegato más contundente a favor de la importancia de leer de todo, cuando le acusaron de dejar leer a un hijastro todo lo que quería: «Por supuesto que le dejo leer lo que quiera. Y si oye cosas que usted dice que no debería oír, me alegro. Un chico debe tener una percepción temprana de lo que es realmente el mundo: sus vilezas, sus falsedades, sus brutalidades; debe aprender a juzgar a la gente y dejar a un lado la flaqueza y debilidad humanas y, hasta cierto punto, estar preparado y armado para desempeñar más tarde su papel en la batalla de la vida». Y añade: «Ya no soporto esa enseñanza de cuento de hadas que hace de la ignorancia una virtud. Así es como yo fui educado y nadie sabe, excepto yo, los amargos sufrimientos que me produjo».

Hay que tener en cuenta, además, que los niños leen de diferente manera que los adultos, en primer lugar, por su falta de experiencia, y después, por su exacerbada imaginación. Y, dado que los caminos que conducen a la lectura son a veces inescrutables, no sabemos qué es lo que despertará en los jóvenes sus sensibilidades y emociones.

La lectura instrumental, utilitaria o productiva

> *Sin la imaginación no habrá ciencia*
> AZORÍN

¿Por qué leer? ¿Para qué la ficción? ¿Para qué la literatura? La lectura de literatura como pérdida de tiempo, el predominio de lo útil sobre lo lúdico, la lectura como instrumento para conseguir, para alcanzar unos objetivos didácticos.

En primer lugar, hay que desmontar el mito de que la ficción no es educativa y decir que enseña, pero por caminos diferentes a como enseña la realidad. Estoy convencido de que *La Caperucita Roja* no es una historia banal en el ámbito de los aprendizajes. A través de ella, el niño receptor no solo empieza a interesarse por las costumbres de un animal totémico, sino que el cuento le ofrece, por vía simbólica, pautas de comportamiento, le permite estructurar su pensamiento social y se familiariza con las leyes físicas del universo, actitudes todas ellas que también consolidan los juegos infantiles. Además, hay otra ventaja de la ficción que muy bien explica **Jacob Bronowski**: «Cuando Newton observó la Luna y la vio como una pelota arrojada alrededor del mundo, daba comienzo una gigantesca metáfora. Cuando esta terminó, era una fórmula calculable, era un algoritmo».

Es decir, las propuestas fantásticas y las hipótesis científicas pueden intercalarse y sustituirse unas por otras, porque hace falta una gran imaginación para ser hombre de ciencia. **Tolkien** pensaba que «la fantasía ni ofende ni destruye la razón». El problema es que, en primer lugar, y como dice **J. Held**, «el valor educativo de lo fantástico no se distingue bien, porque es un valor indirecto que actúa a largo plazo». O sea: no es posible un aprendizaje inmediato. Y en segundo lugar, leer ficción no es fácil, la ficción obliga a un esfuerzo suplementario, no permite una actitud pasiva porque obliga a optar permanentemente, frente a la inevitable parcelación de los libros técnicos y científicos («ante cada situación —dice **Umberto Eco**— elige una solución; para cada personaje, una cara imaginaria; para cada escenario, visualiza un cuadro»).

Ortega y Gasset lo veía claro: «Para mí, los hechos son el final de la educación; primero mitos; sobre todo, mitos. Los hechos no provocan sentimientos».

La lectura infantilizada

*Cuantas menos palabras se dominan, menos
posibilidades de pensamiento se tienen.*
Antonio Muñoz Molina

Hay otro mito que pretendemos desterrar, y es el de creer que debemos rebajar nuestro lenguaje para ponernos a la altura del lector, escribir con intencionalidad, condicionarnos con el destinatario y caer en el lenguaje infantilizado, presuntamente para atraer la atención y el interés, olvidando, como dice **Pennac**, que «en literatura la madre de la tontería es siempre la intención».

Rafael Sánchez Ferlosio piensa que hay una tendencia a confundir «el lenguaje para los niños» con «el habla de los niños», confusión que lleva a «perrificar» el lenguaje: cuenta cómo, cuando era pequeño, se ponía a cuatro patas para hablar con sus perros, creyendo que así le entendían mejor, y esto es lo que hacen muchos adultos cuando se dirigen a los niños.

Los niños necesitan tomar a diario «baños de lenguaje», porque es necesario distinguir entre el lenguaje herramienta y el lenguaje creador, que es el que les hace crecer y progresar. «Del mismo modo —expresa **Jacqueline Held**— en que se retarda la maduración de un niño hablándole en un lenguaje bebé, también lo empobrecemos ofreciéndole textos cuyo vocabulario ya maneja por sí mismo. Postular que se debe dar al niño de tal edad un texto claro y simple, hecho con palabras conocidas y reutilizables de inmediato, sería admitir que el texto en cuestión se dirige solo al intelecto del niño… Un texto es recibido no solo en la inteligencia, sino en la sensibilidad y la imaginación… Privar al niño de palabras desconocidas sería privarlo de un material esencial de juego y sueño».

A los jóvenes les gustan los juegos de palabras, los vocablos altisonantes, los significados extraños o desconocidos. **Carmen Riera** da testimonio de la siguiente anécdota de su infancia: «Cuando mi padre me leyó *La sonatina* de Rubén Darío, me quedé literalmente fascinada. Le pedí que la releyera no sé cuántas veces hasta aprendérmela de memoria. Me encantaban las palabras que desconocía, especialmente las más musicales, como golgonda y argentina, que me parecían algo así como varitas mágicas capaces de transformar en maravillosa la realidad más mostrenca». **Bruno Bettelheim** afirma: «A los niños les encantan las palabras que les causen dificultades, siempre y cuando aparezcan en un contexto que absorba su atención». Tengamos presente, pues, que jugar con las palabras es comenzar a jugar con las ideas.

La lectura interesada

Los jóvenes tienen su propia percepción sobre las cosas, saben lo que les gusta o les disgusta, y en el terreno de las lecturas y los libros, su innato sentido crítico y su intuición les hace ver que no todo lo que tienen que leer está acorde con sus intereses.

Recuerdo la anécdota de una profesora que imponía a sus alumnos la obligación de llevarse a casa semanalmente un libro en préstamo de la biblioteca; naturalmente, la mayoría lo devolvía sin haberlo leído. Cuando comentaba con ella que tal actitud no me parecía adecuada y que entre otras cosas fomentaba la picaresca, la respuesta era siempre que cuando les preguntaba si les había gustado, la respuesta unánime era que sí. **Tolkien** piensa que es una ilusión de los adultos pensar que a los niños les gusta todo, ilusión que él cree debida a tres causas principales:

- la humildad de los niños, que no desean contradecir al adulto que, imbuido de autoridad, les recomienda una historia;
- la falta de experiencia crítica y de vocabulario («si no les gusta, no logran expresar bien su desagrado ni tampoco razonarlo»);
- la voracidad: les gustan de forma indiscriminada una gran cantidad de cosas diferentes, sin molestarse en analizar los distintos niveles de su creencia.

De la misma opinión del autor de *El señor de los anillos* es el psicoterapeuta norteamericano **Bruno Bettelheim** cuando opinaba que muchos alumnos «fingían que les gustaban las historias que leían porque estaban convencidos de que el maestro no les hubiera sugerido la lectura si no hubiese estado convencido de que les gustaría».

La lectura explicada o comprensiva

> *La lectura es ese milagro fecundo de una comunicación en el seno de la soledad.*
> MARCEL PROUST

Juan Ramón Jiménez dijo: «No importa que el niño no lo comprenda todo. Basta con que se contagie del acento, como se llena de la frescura del agua, del calor del sol y de la fragancia de los árboles; árboles, sol, agua, que ni el niño ni el hombre ni el poeta entienden en último término lo que significan». Así, muchas veces el exceso de celo, el afán por que el alumno lector lo comprenda todo y dé explicaciones de lo leído resulta contraproducente y perjudicial. Si no lo comprenden, no son capaces de dar explicaciones razonadas, e incluso si lo comprenden, puede suceder que no encuentren las palabras precisas para explicarse, o piensan que su explicación no resultará del agrado de su interlocutor adulto; incluso puede suceder que no quieran dar explicaciones de una historia que piensan que puede violentar su intimidad, su manera peculiar de entender la cosas. Es más: la lectura se transmuta en hábito cuando el contacto con lo leído es íntimo y personal, y da pie a la reflexión, a la comunicación personalísima entre el lector y los personajes de la trama.

«Los escasos adultos que me han dado de leer —señala **Daniel Pennac**— se han borrado siempre delante de los libros y se han cuidado mucho de preguntarme qué había entendido de ellos.» Importa más el espíritu que la letra, la posición en que nos deja el libro y lo leído tal y como pensaba **Azorín**: «Cuando se lee inesperadamente por goce, acaso no se puedan dar luego detalles del libro, pero el espíritu y el ambiente de la obra si lo recogeremos. Y esta impresión total, esta sensibilidad es lo que, en definitiva, nos da el valor verdadero del libro.»

R. Dahl, en su emblemático libro *Matilda* (del que ya hemos hablado anteriormente) cuenta cómo la protagonista, niña de cinco años, devuelve un libro de Hemingway a la biblioteca y que se siente decepcionada porque no lo ha entendido del todo; la bibliotecaria le dice: «No importa, deja que te envuelvan las palabras, como la música». El premio Nobel **Isaac Bashevis Singer** cita en su autobiografía: «Mi hermano mayor había traído a casa una obra llamada *Crimen y castigo*. A pesar de que no llegué a comprenderla del todo, esta obra me fascinó». Es decir, nada aprenden de los libros los que no saben sentirse perdidos y fascinados en el misterio de lo que no comprenden.

La lectura textual o escrita

Resulta evidente que para despertar aficiones lectoras entre los jóvenes, lo natural es ponerles en contacto con buenas lecturas, y cuanto antes mejor. Pero en la actualidad, el libro no es la única forma de comprensión y reflexión; y es positivo aprovechar todo tipo de estímulos culturales: cine, televisión, música... Luego, podemos favorecer la lectura poniéndoles en contacto con estímulos supratextuales o metatextuales.

El profesor francés **Marc Soriano** piensa que antaño, cuando los niños apenas disponían de influencias audiovisuales, todo consistía en acercar «el niño al libro»; es decir, el libro aparecía como única forma de acercarse a la fantasía y al conocimiento. Pero el profesor cree que hoy se debe actuar al revés: hay que llevar «el libro al niño», puesto que con el libro compiten otras formas más atractivas, a priori, de conocer y soñar.

Se trata, pues, de hacerles ver, en primer lugar, que el libro no ha perdido su atractivo y que, además, puede competir con otros medios en igualdad de condiciones, y que no es un medio ajeno a su cultura y a su época, sino que está plenamente integrado en ella. Hay una experiencia al respecto que viene a demostrar que el libro o la lectura literaria puede competir en plano de igualdad con las nuevas tecnologías: cuando los alumnos leen un libro y a posteriori ven la película basada en el mismo, y se les pregunta qué les gustó más, la mayoría siempre responde que el libro.

La lectura impuesta

El verbo leer no soporta el imperativo.
DANIEL PENNAC

¿Qué papel corresponde al maestro? ¿Cuál es la función de los padres? ¿Cuál es el camino que hay que seguir: imponer, sugerir, orientar?

Juan Benet compara la función del maestro en esto de la lectura a la de un guía turístico que nos muestra donde están los principales monumentos de una ciudad. «La función del maestro —dice— es servir de guía turístico en el mercado del libro, mostrar dónde se encuentra la literatura para que el lector haga con ella lo que quiera». Hay que ponerles en contacto con los libros, conducirlos hasta ellos, y una vez esta tarea realizada, como mucho, «darles a oler una orgía de lectura», o sea, insinuar, según recomienda **Daniel Pennac**, lo que vive dentro de ellos. Y cuenta el siguiente ejemplo:

> Leí *Guerra y paz* por primera vez a los 12 o 13 años. Desde el comienzo de las vacaciones veía a mi hermano enfrascado en una enorme novela...
> —¿Es muy bueno?
> —¡Formidable!
> —¿Qué explica?
> —La historia de una chica que quiere a un tipo y se casa con un tercero. —Mi hermano siempre ha poseído el don de los resúmenes.
> —¿Me lo prestas?
> —Te lo doy
> Cinco años mayor que yo, mi hermano no era completamente idiota y sabía perfectamente que *Guerra y paz* no podía ser reducida a una historia de amor. Solo que conocía mi predilección por las pasiones sentimentales y sabía excitar mi curiosidad con la formulación enigmática de sus resúmenes (un *pedagogo*, en mi opinión).

Juan Marsé viene a decir lo mismo: «El gusto por la lectura se transmite como se transmite el interés por una película: contándola bien. Hay que hechizar, y por eso son tan importantes los maestros, porque son los encargados de desplegar el hechizo». El maestro debe ser, en esto de la lectura, un «intermediario activo», un encantador que hace brotar historias, un flautista que conduce a los niños hacia la caverna donde se encuentra encerrada la verdadera ficción, y debe dejarles encerrados en ella de por vida.

La lectura añorada

> *El adulto tiene a menudo la tentación de alabar sus tiempos, especialmente de la época de cuando era niño.*
> Gianni Rodari

«No podemos pedir a los niños de hoy que acepten un pasado que no es el suyo», decía **Gianni Rodari** al referirse a los adultos interesados en ofrecer a sus hijos o alumnos los libros que marcaron su infancia, las lecturas que los formaron. Los niños de hoy viven unas circunstancias diferentes, tienen unos intereses y unos gustos que no se corresponden con los de los niños de antaño, las relaciones con los adultos han cambiado; además, por buena parte de la literatura infantil y juvenil ha pasado el tiempo de manera ostensible. Savater se reconoce en *Guillermo* y Carmen Martín Gaite se reconocía en *Celia*. Los lectores de hoy se reconocerán en *Harry Potter* o en *El señor de los anillos*.

No es cierto, pues, que los niños de antes leyesen más que los niños de hoy, y no es cierto que antes se escribían mejores libros que ahora. Ahora se lee de diferente manera y la lectura convive con otras formas de expresión. **Marc Soriano**, al referirse a este tema, dice: «No impongamos jamás a nuestros hijos los libros que nosotros hemos amado. Ofrezcámosles libros de su época. Y confiemos en nuestros clásicos: si merecen el nombre de tales, tarde o temprano sabrán imponerse».

La lectura moralizadora

La literatura infantil no debe ser una pastilla pedagógica envuelta en papel de letras.
Cristina Nostlinger

La tendencia a dar pautas morales es otro vicio intrínseco en que incurre a menudo la literatura infantil y juvenil. Antes era la moralina, ahora son temas transversales. De la moraleja mal vestida a los valores distinguidos. Debemos arrinconar el mito de la lectura moralizante, rechazar cualquier tipo de manipulación del lector, puesto que, como afirma **Sánchez Ferlosio** al referirse a *Pinocho*, «la literatura moral es literariamente inmoral, puesto que, para servir a la ejemplaridad, siempre se manipulan de uno u otro modo los acontecimientos».

Coinciden con la opinión de Ferlosio otros dos estudiosos del tema. **Daniel Pennac**, por ejemplo, afirma lo siguiente: «Los dos grandes defectos en los que no hay que caer cuando se hace literatura para niños son el moralismo y la ideología». Y para el premio Nobel de Literatura en 1978, **Isaac Bashevis Singer**, «la literatura necesita de narraciones bien construidas, no de mensajes añejos, pues cuando un cuento tiene calidad, su mensaje será descubierto tarde o temprano. Si desapareciesen todos los mensajes y solo se quedaran los diez mandamientos, todavía tendríamos suficientes mensajes para el presente y el futuro. El problema no es no tener mensajes suficientes, sino en cumplir los que tenemos».

La lectura culpabilizada

La gran culpable de que los niños no lean parece ser la televisión, la competencia de los medios audiovisuales. En ellos se descargan todas las frustraciones de los adultos. ¿Son posibles más distracciones y más libros? ¿Es posible compatibilizar la lectura con la televisión? Rodari piensa que es posible, porque ello no depende del número y de la calidad de los pasatiempos, sino del lugar que el libro ocupa en la vida del país, de la sociedad, de la escuela y de la familia.

El problema de la televisión, según demuestra Savater, no es que no eduque, sino que educa demasiado, hace perder la ingenuidad a los niños tempranamente; es un instrumento educativamente subversivo, y, por ello, abre nuevas vías educativas e invita a cambiar de estrategia, a hacer un esfuerzo suplementario a padres y educadores. No debe tomarse, pues, como un instrumento de competencia, sino como un instrumento diferente, complementario, que hay que saber usar, que tiene unos méritos que seguramente superan a los deméritos.

Seguramente los niños van a preferir la televisión al aburrimiento, a la falta de otras alternativas inteligentes, pero no es la culpable de que los niños no lean. Los culpables son aquellos que no les presentan los libros con atractivo, que les dejan abandonados a la socialización televisiva, «hipnótica y acrítica».

La lectura contabilizada o recompensada

La gratuidad debe ser la única moneda del arte.
Daniel Pennac

Recompensar o premiar la lectura, tener en cuenta el número de libros leídos, establecer una marca de los alumnos más lectores, convertirse en «contables más que en cuentistas», es una tendencia detestable más habitual de lo que parece. Este comportamiento cuantificador va a traer algunas consecuencias: se crean frustraciones al no sentirse recompensado o premiado; se asocia lectura con premio o recompensa y se deja de leer cuando dejan de existir los estímulos; nos engañamos a nosotros mismos, pues nos enfrentaremos a la dificultad física de comprobar si todos los lectores han leído todos los libros

Ante estas dificultades, conviene saber lo siguiente:

- El camino debe ser el de crear expectativas, despertar ilusiones, intentar buscar el momento preciso y el libro adecuado, tal y como preconiza **Jorge Larrosa**: «La lectura es experiencia cuando confluyen el texto adecuado, el momento adecuado y la sensibilidad adecuada».
- Cada lector tiene su ritmo, y no es bueno establecer una carrera literaria, una competencia lectora que está lejos del placer.
- Las recompensas de este tipo no deben ser externas, sino internas: satisfacer la curiosidad, el interés presente, disfrutar de una obra de arte, recrearse en un texto gratificante, vivir otras vidas, asomarse al mundo.
- Un lector recompensado es, en cierta medida, un lector obligado a competir, un lector engañado con promesas que solo son inmediatas y superficiales.

El objetivo no es que devoren libros, sino que lean cada día mejor. No importa cuántos libros leen, sino cuántos libros ponemos a su alcance, cuántas oportunidades tienen de elegir, cuántos cuentos les contamos, cuántas ilusiones somos capaces de despertar en torno a un libro. Todos aquellos que se confiesan como buenos lectores no llegaron a esta situación por el número de libros leídos, sino por el interés que un libro determinado despertó en ellos, por la agradable sensación que quedó en su paladar, por el poso («mezcla de zozobra, pesadilla y atracción morbosa», como refiere **Vargas Llosa**) imborrable que una lectura les deparó.

La medida de la lectura —dice Gabriel Zaid— no debe ser el número de libros leídos, sino el estado en que nos dejan. ¿Qué demonios importa si uno es culto, está al día o ha leído todos los libros? Lo que importa es cómo se anda, cómo se ve, cómo se actúa después de leer. Si la calle y las nubes y la existencia de los otros tienen algo que decir.

La lectura oral

Leer en voz alta es estúpido y dificulta mucho el seguimiento y la comprensión.
Francesco Tonucci

La lectura oral, en voz alta, por parte de los alumnos es una actividad que se repite diariamente en el aula, incluso cuando se trata de leer literatura. Tal vez sea útil para el inicio y perfeccionamiento de la lectura, para reafirmarse en la dicción y la entonación, es decir, para el aprendizaje de la técnica, pero no lo es para consolidar el hábito, para fomentar el amor a la lectura, para percibir el contexto del mensaje, para entender lo que se lee, para mezclarse con los personajes y la trama, puesto que el lector está más pendiente de no defraudar, de quedar bien ante el interlocutor, que de enterarse de lo que dice el autor.

El propio **Sigmund Freud** teorizaba sobre el tema con las siguientes palabras:

> Cuando leemos en silencio, nuestra experiencia es la de que el autor nos dice lo que desea que sepamos: habla con nosotros. Cuando leemos en voz alta, nuestra experiencia no es tanto la de que el autor esté hablando con nosotros, sino la de que nosotros hablamos a la persona que nos escucha o la que imaginamos que nos escucha… Y lo que decimos a otra persona es lo que queremos que ella oiga… Leer en voz alta se le antoja al niño como una conversación, y en una conversación deseamos retener la atención del oyente con lo que decimos.

Otro discípulo suyo, el norteamericano **B. Bettelheim** pensaba lo mismo cuando afirmaba:

> La instrucción fonética o insistencia en que el alumno pronuncie las palabras en voz alta convierte la lectura en un juego con unas reglas que hay que respetar con el fin de complacer al maestro, pero le despoja de su significado.

También **Miguel de Unamuno** era de la misma opinión cuando cuenta la siguiente anécdota, extraída de su libro *Contra esto y aquello*:

> Me decía en cierta ocasión un sujeto que no había entendido bien un artículo mío, y entonces le invité a que, leyéndoselo yo, cuando llegase el pasaje o pasajes oscuros me lo advirtiera para procurar yo aclarárselos. Empecé a leer, continué leyendo y lo terminé sin que el buen señor hubiese chistado y como al concluir le dijera: «Y bien, ¿qué es lo que usted no ha entendido?», me replicó: «no, no, esta vez lo he entendido todo muy bien». Y entonces yo le dije: «¿sabe usted lo que es esto? Que usted, como tantos otros, no sabe leer…».

Otra cosa es la lectura de poesía en voz alta. Como «el poema no tiene sentido sin el sonido», según **Paul Valery**, esto hace posible que un poema pueda ser cantado y asimilado al mismo tiempo. Es la llamada indivisibilidad del verso y del sentido.

Confirmamos entonces que estamos a favor de la lectura en voz alta de la prosa, pero por parte del profesor o cuidándose de que primero los alumnos lectores preparen el texto, la entonación y las pausas y sepan leer bien.

La lectura fragmentada o colectiva

Es un tipo de lectura de aula, un arraigado acto didáctico que consiste en leer párrafos seleccionados, generalmente agrupados en una antología parcial, elaborada a partir de textos arbitrariamente escogidos.

Francesco Tonucci piensa que este tipo de lecturas aleja de los libros auténticos y se presta a varios equívocos y por diferentes motivos: da la impresión de haber leído muchas obras de muchos autores, cuando en realidad han leído solo breves fragmentos; deja creer que todas las lecturas son breves y vivaces con los fragmentos escogidos; hay escasas posibilidades de continuidad si el fragmento leído resulta del gusto del lector, y este tipo de lectura tiene una esencia individual e igual para todos.

Y añade:

> Tómese a una treintena de adultos sentados en el mismo sitio —por ejemplo, la sala de espera de una estación— leyendo todos el mismo libro y todos por la misma página. Es una situación absurda. En cambio, esto pasa todos los días en la escuela y nadie se preocupa.

La lectura progresiva o la evolución continua

Las nociones de edad, etapa o ciclo resultan imprecisas, son meramente orientativas y mucho más cuando hablamos de lectura. Recuerdo la anécdota de una niña, frecuente usuaria de la biblioteca escolar, a quien su tutora expulsó de la sala de lectura cuando la sorprendió leyendo libros que ella consideraba correspondían a un nivel inferior.

Marc Soriano cree que el ritmo de evolución de los niños incluye periodos de crisis, con grandes saltos hacia delante y también con regresiones temporales. No es un ritmo de evolución continua. Añade que «es relativamente normal que un niño, en determinada etapa de su desarrollo, se demore en libros que corresponderían a un nivel ya superado y encuentre mucho regocijo en ellos. Esos estancamientos momentáneos no significan necesariamente retrocesos; por lo general, corresponden a una necesidad de consolidación de lo ya adquirido y son el preludio de nuevos progresos. Por la razón inversa es deseable que los niños dispongan también de libros que superen un poco sus posibilidades del momento y que les exijan cierto esfuerzo». Además, a los niños les gusta mucho recrearse, demorarse o releer muchas veces un libro que les ha interesado o despertado sus fantasías.

La lectura tutelada o calificada

> *Los libros no han sido escritos para que los jóvenes los comenten, sino para que si el corazón se lo dice, los lean.*
> Daniel Pennac

La obsesión por la comprensión, el afán por que el niño lo comprenda todo lleva inevitablemente al intento de controlar las lecturas, a pedir explicaciones, verbales o escritas, de lo leído, a indagar sobre los mejores lectores, a cuantificar quiénes leen más o mejor, a establecer una competencia lectora, a calificar las lecturas realizadas. Es decir, se establece el paradigma o malentendido —en palabras del profesor **Juan Mata**— de que la genuina función del lector no es el disfrute gratuito de lo leído, sino encontrar el sentido oculto de los textos. Y añade: «La consecuencia más perniciosa de esto es que los alumnos se acostumbran a leer con la conciencia de un detective, lo que les lleva a pensar que los textos están repletos de misterios y de trampas». O sea, no son lectores, sino investigadores sagaces. No están pendientes del texto en sí, sino del contexto. Leen con una mentalidad crítica para la que aún no están preparados. La autora y profesora **Fina Casalderrey** insiste en lo mismo de manera irónica: «Cuando saboreamos un plato que nos parece exquisito, no estamos pensando en las proteínas, grasas o vitaminas».

¿Para qué sirve en realidad analizar el estilo o la métrica de un texto? ¿Capacita para entenderlo? El citado profesor Mata piensa que solo sirve «para despachar asuntos ajenos a la lectura, como si el alumno es aplicado, está atento en clase o hace puntualmente los deberes».

¿Cuál debe ser entonces el camino ideal? Lo explica muy bien **Daniel Pennac**:

Basta una condición para reconciliarse con la lectura: no pedir nada a cambio. No alzar ninguna muralla de conocimientos preliminares alrededor del libro. No encargar el más mínimo trabajo. No añadir ni una palabra a las páginas leídas… Lectura y regalo. Leer y esperar. Una curiosidad no se fuerza; se despierta.

La lectura mitificada

> *Eliminemos el prejuicio de que donde hay risa y alegría no brota el pensamiento.*
> F. Nietzsche

¿Qué libro tiene más valor: el que seduce a quien se confiesa no lector o al que solamente llegan las selectas minorías genéticas tocadas por los dioses?, se pregunta la citada **Fina Casalderrey**. Si partimos del hecho de que la cultura, en general, y la lectura, en particular, es elitista, solo al alcance de unos privilegiados, entonces sobran todas las explicaciones, todos los estudios y todos los esfuerzos. Hay que desmitificar la lectura, quitarle su carga aristocrática, dar a entender a nuestros alumnos las siguientes cuestiones fundamentales:

- Leer supone un esfuerzo. No es posible ningún proceso educativo sin algo de disciplina, pero que son esfuerzos asumibles, esfuerzos progresivos que tendrán su recompensa, al alcance de una mayoría. Hay que empezar por lo fácil para llegar a lo difícil.
- Siempre hay un libro para un lector. Lo sencillo no necesariamente significa trivial o superficial. Si un libro no les gusta, lo han de dejar y tomar otro. **Pennac** dice: «Parece establecido desde siempre y en todas las latitudes, que el placer no tiene que figurar en el programa de las escuelas y que el conocimiento solo puede ser el fruto de un sufrimiento bien entendido».
- Estamos rodeados de gentes muy respetables e incluso eminentes que no leen, sea porque no sienten la necesidad o porque se alimentan de otros amores. «La libertad de escribir —dice Pennac— no puede ser acompañada del deber de leer».
- Los que leen no son mejores que los que no leen; leyendo no van a triunfar. Dice **Harold Bloom**: «Leer los mejores libros no va a convertirnos en mejores ciudadanos».

Fernando Savater dice con su habitual ironía:

Qué suerte la de quienes pasaron a todo trapo de la incultura pueril a la alta cultura. En cuanto salieron de la teta materna, cayeron sobre Dostoiewski. ¿No será para mí un deshonor confesar la verdad: que todo se lo debo a Jack London y a Salgari, que amo a Julio Verne y me atasqué con Marcel Proust? Por no hablar de Guillermo, que sopló sobre mi cuna el hálito de la rebeldía con humor… Lo siento, pero a Dante y a Goethe les debo menos.

La literatura es únicamente, «el arte de conseguir que el tiempo se quede a vivir con nosotros, es como tener un cuarto propio» (**Luis García Montero**). Lo único para lo que sirve la literatura es para «convertirte en mil personas diferentes sin dejar de ser tú mismo» (**C. S. Lewis**).

APÉNDICE I
Citas

La literatura infantil y juvenil

La literatura infantil no es una pastilla pedagógica envuelta en papel de letras. (Cristina Nostlinger)

Para que una historia mantenga de verdad la atención del niño ha de divertirle y excitar su curiosidad. (Bruno Bettelheim)

Escribir para niños es un don, como la poesía, que no está al alcance de cualquiera… Es un ejercicio de afinamiento de nuestras facultades y, en consecuencia, de condensación, de síntesis, de linealidad y, tal vez, de brevedad. (Miguel Delibes)

Los buenos libros infantiles son aquellos que entretienen a los hombres y les devuelven una ilusión de infancia. (Ramón Pérez de Ayala)

Los autores tratan tan intensamente de ser internacionales que no atraen a nadie. Muchos de los libros actuales para niños carecen de color local, de encanto étnico, puesto que los escritores temen que les critiquen de nacionalismo o chauvinismo. La Biblia abunda en cuentos infantiles. Esa es la razón de su universalidad. (Isaac Bashevis Singer)

Los dos grandes defectos en los que no hay que caer cuando se hace literatura para niños son el moralismo y la ideología. (Daniel Pennac)

Por muy pequeños que sean los niños, se sienten angustiados por problemas filosóficos y reflexionan sobre temas como la justicia, el sentido de la vida y la muerte. De niño, hacía las mismas preguntas que más tarde encontré en Platón,

Spinoza, Kant, Schopenhauer. Los libros infantiles deben responder a estos interrogantes, al igual que la Biblia. (Isaac Bashevis Singer)

La extraña literatura infantil no puede ser dirigida, desinfectada. Historias donde no exista la duda, la zozobra, el ácido regusto del misterio nunca desvelado jamás serán literatura aceptada por los niños. (Ana María Matute)

Las historias para niños deben escribirse con palabras muy sencillas, y además, es necesario tener habilidad para contar de una manera muy clara y muy explicada, y una paciencia muy grande. (José Saramago)

A los niños les encantan las palabras que les causan dificultades, siempre y cuando aparezcan en un contexto que absorba su atención. (Bruno Bettelheim)

De ordinario, los niños buscan en los libros respuestas. Pero ocurre que cada buen libro suscita nuevas preguntas. Al que esto ocurra, será ya un lector impenitente a lo largo de su vida. (Miguel Delibes)

Durante los primeros dos siglos de la literatura infantil, los horribles gemelos Moraleja y Enseñanza acecharon con arrogancia en casi todos los cuentos. (Geoffrey Trease)

Del mismo modo en que se retarda la maduración de un niño hablándole siempre en un lenguaje bebé, también lo empobrecemos ofreciéndole textos cuyo vocabulario ya maneja por sí mismo. Postular que se debe dar al niño de tal edad un texto claro y simple, hecho con palabras conocidas y reutilizables de inmediato sería admitir que el texto en cuestión se dirige solo al intelecto del niño. Un texto es recibido también en el ámbito de la sensibilidad y de la imaginación. Privar al niño de palabras desconocidas sería privarlo de un material esencial de juego y de sueño. (Jacqueline Held)

Los niños están hechos para crecer, no para quedarse en Peter Pan... Los libros, como la ropa, no deben estorbar el crecimiento; los libros deben, cuando menos, alentarlo. (J. R. R. Tolkien)

¡Por nada del mundo deben ser los mediocres los que fabriquen los libros para niños! Tampoco la gente que no conoce a los niños y que, porque constataron que los niños son más bajitos, resuelven escribir de rodillas... Los buenos libros para niños son tan importantes como el pan. (Erich Kastner)

Tal vez los niños de antaño aceptaran sin protestar los libros que se ponían en sus manos, por aburridos que fuesen; eran entonces más fáciles de contentar o acaso mejor educados; pero hoy, para gustarles, ante todo tenéis que aceptar su ley. (Paul Hazard)

Con los niños se pueden tratar literariamente todos los temas excepto el de la sexualidad. Para referirnos a este aspecto de la vida, solo tenemos al alcance la terminología médica por un lado, o la terminología vulgar, de la calle, por otro. Esto constituye una limitación a la hora de escribir y por eso creo que es un tema para tratar cara a cara, pero no por escrito. Sin embargo, el erotismo si está presente en mis libros. (Cristina Nostlinger)

Concedería al Sur europeo todas las superioridades artísticas menos una: en literatura infantil el Norte de Europa se lleva la palma. ¿Por qué? Para los latinos, los niños han sido siempre futuros hombres. La gente del norte ha comprendido mejor esta verdad más exacta: que los hombres no son más que exniños. (Paul Hazard)

Todo aspirante al éxito en materia de literatura infantil debe visitar un jardín zoológico al menos una vez al año. (Paul Hazard)

Los libros que tienen cierto interés para los niños, pero que aburren a los adultos y no los emocionan, no son buenos, no son literatura, no interesan; no importa que los llamen infantiles. (Ana María Machado)

Para afrontar la ingente cantidad de ideología incluida en los libros para niños tenemos tres opciones: una lectura crítica, una selección de literatura de calidad y procurar una dieta muy variada. (Ana María Machado)

No aburrir nunca, pues el niño de hoy rechaza lo que el de ayer fingía aceptar. (J. Held)

La literatura infantil no es la que imita el mundo de los niños y adolescentes desde una perspectiva adulta, sino la que se adapta a una etapa del desarrollo humano sin renunciar a la universalidad de los temas. La adecuación a la infancia no es negación del arte. (Ramón L. Tamés)

El niño es un ser impulsivo y versátil. Le agrada leer con rapidez. Busca argumentos variados que no requieran demasiada atención, no ve con buen ojo los volúmenes gruesos que desarrollan un solo tema. Los libros deben ser: divertidos, apasionantes, reales, verdaderos. (Enzo Petrini)

El mensaje debe ir implícito en el libro, desprenderse de él, no condicionarlo en su origen. Hay que escribir por, no para, y ese para debe darse por añadidura. (Carlos Murciano)

La literatura infantil es el arte de la difícil facilidad. (Carlos Murciano)

Considero que la literatura infantil, como género, tendría que ser muy importante en este mundo; es la que debe acercar la literatura a los posibles lectores futuros. Y hay que tener cuidado, pues puede pasarles una de las dos cosas: convertirse en adictos fervientes u odiarla para siempre. (Ana María Matute)

¿Por qué escribo para niños? Mi primera respuesta es el libre juego de la imaginación. De él resultó la norma de la belleza. La belleza, a su vez, nos llevó a lo maravilloso y misterioso. Pero todavía falta el cuarto punto cardinal de mi paisaje poético, que es el humor. (M. Ende)

Tres deben ser las cualidades de un buen libro infantil: misterio, humor y la forma de contar. O sea, que les envuelvan las palabras, como nos envuelve la música. (R. Dahl)

El niño es una entidad tan respetable que no puede ofrecérsele una pseudoliteratura acéfala y amerengada. (Alejandro Casona)

Imaginación y drama son los pilares esenciales de toda la literatura que sirve a los intereses del niño, y esto en cualquier edad que sea. (Jesualdo)

Demos de comer intelectualmente a los niños; démosles de comer de todo. No les vetemos nada. Pero que lo que les demos sean todos manjares exquisitos y nutritivos. (Azorín)

La Literatura infantil tiene una finalidad primaria y fundamental: la de promover en el niño el gusto por la belleza de la palabra, el deleite ante la creación de mundos de ficción. (Juan Cervera)

Durante muchos años se ha visto en la literatura infantil un subproducto de la pedagogía y de la didáctica. Ahora, la literatura infantil es básicamente una respuesta a las necesidades íntimas del niño, cuyo objetivo específico es ayudarle a encontrar respuesta a sus necesidades. (Juan Cervera)

La literatura de los niños debe ser también la realidad de los niños. (Peter Hartling)

Si queremos tener éxito entre los niños, debemos hacer un promedio de tres chistes por página. (Roald Dahl)

La literatura infantil está sometida a otras leyes que la literatura de los adultos, aunque sería un error creer que todo aquel que mantiene una relación armoniosa con el niño puede escribir buenos libros infantiles. A este error se debe que hayan surgido tantas medianías, a las cuales corresponde la culpa de que el nivel de la literatura infantil vaya bajando más y más a medida que la producción aumenta. (Bettina Hurlimann)

Un clásico para adultos es una obra tan bella y famosa que termina por ser explicada en clase. Un clásico para niños es una obra tan bella y famosa y tan ajustada a los gustos del niño que jamás se la explica en clase. Podíamos definir al clásico para niños como un libro que interesa a todos los niños, independientemente de su origen social y de su pertenencia a una clase determinada. (Marc Soriano)

La literatura *light*, hecha a la carta, para enseñar valores o para divertir, así como la literatura políticamente correcta son formas persistentes del conservadurismo político y social. (María Teresa Andruetto)

Cuando el arte es verdadero arte no tiene sentido hablar de destinatarios. (José María Carandell)

Los autores de libros infantiles deseaban ardientemente que su público no fuese solo el de los niños… Casi podría decirse que cuanto un libro es más para niños, más lo es también para los adultos. (José María Carandell)

Es preciso distinguir entre el habla de los niños y el lenguaje para niños. (Rafael Sánchez Ferlosio)

Los héroes de la literatura infantil de nuestro tiempo son mayormente inconsecuentes: publicitados y explicados como objetos de consumo, se han vuelto inofensivos y obvios, puesto que los adultos los han aceptado con todos sus excesos y atrevimientos. Un niño entiende que no tiene gracia sentirse, junto a su héroe, fuera de la ley si los adultos aprueban la supuesta transgresión y hasta la juzgan divertida. (ALBERTO MANGUEL)

····················

A los niños, en literatura, darles solo lo sencillo. La sencillez jamás ha corrompido el gusto; todo lo que es poéticamente defectuoso resulta incompatible con ella. Así es cómo la limpidez del agua se arruina con la mezcla de materias demasiado terrestres. Nuestro gusto alimenticio se corrompe por efecto de sabores demasiado fuertes, y nuestro gusto literario, puro en sus comienzos, por efecto de las expresiones demasiado marcadas. (JOUBERT).

····················

La didáctica de la lectura

Una técnica se puede aprender con pescozones: así, la técnica de la lectura. Pero el amor por la lectura no es una técnica y con pescozones —reales o ficticios— no se aprende. (GIANNI RODARI)

····················

Los niños no solo tienen necesidad de buenas lecturas, y no se puede pedir a los niños de hoy que asuman un pasado que no es el suyo. (GIANNI RODARI)

····················

Un curso de literatura no debería ser más que una buena guía de lecturas. Cualquier otra pretensión no sirve más que para asustar a los niños. (GABRIEL GARCÍA MÁRQUEZ)

····················

Más que de «ciencia de la lengua» hay que insistir en el «uso de la lengua». Tenemos alumnos suficientemente gramaticalizados, pero mal alfabetizados. (JOSÉ A. PONTE FAR)

····················

La mejor defensa contra la mala literatura es una experiencia plena de la buena; así como para protegerse de los bribones es mucho más eficaz íntimar realmente con personas honradas que desconfiar en principio de todo el mundo. (C. S. LEWIS)

····················

No impongamos nunca a los niños los libros que nosotros hemos amado. Ofrezcámosles libros de su época. Y confiemos en los clásicos: si merecen el nombre de tales, tarde o temprano sabrán imponerse. (MARC SORIANO)

····················

Cuando en el sistema educativo se impone un libro, seguramente los están convirtiendo en no lectores para toda la vida. Parece que se trata de coger novelas y destriparlas para enseñar lengua, cuando la lengua se puede aprender perfectamente sin necesidad de leer novelas. Una cosa es la ensoñación, el embeleso del lector, y otra, la lengua. (José María Merino)

Hacer leer a un niño no equivale a llenar un vaso, sino a encender un fuego. (Montaigne)

El hábito de leer no se adquiere si él no promete y cumple placer. (Gabriela Mistral)

Y recordemos que se llamó pedantes a los maestros que iban a las casas de nuestros abuelos para enseñar gramática a los niños. No dudo yo de que estos hombres fueran algo ridículos, como lo muestra el mismo hecho de pretender enseñar a los niños cosa tan impropia de la infancia como es la gramática. (Antonio Machado)

No se puede pasar de la nada a lo sublime sin paradas intermedias; no debe exigirse que quien nunca ha leído empiece por Shakespeare y que los que nunca han pisado un museo se entusiasmen de repente por las obras de Mondrian o de F. Bacon. (Fernando Savater)

La enseñanza de la teoría gramatical es inútil antes de los catorce años. A los niños hay que darles ciertas píldoras gramaticales, pero no abrumarles con más complicaciones y análisis, porque no los entienden. Hasta los catorce años, nadie reflexiona sobre la lengua que habla, y enseñar la teoría gramatical es inútil. La escuela debería centrarse en la práctica de la lengua: hablar, leer y escribir bajo tutela y corrección. (Emilio Alarcos)

Tomen uno de los preciosos cuentos de Tolstoi, condenen a un escolar a analizar nombres y pronombres, verbos y adverbios y les garantizo que durante toda su vida, asociará el nombre de Tolstoi a una sensación visceral de fastidio que lo mantendrá alejado de *Ana Karenina* como si de la peste se tratara y le hará huir de *Guerra y paz* como si huyera de una nube de tábanos. (Gianni Rodari)

Los adultos creen que los niños solo deben leer cosas de valor profundo y de un mérito claramente identificado. Como si ellos solo oyeran los cuartetos de Beethoven y no las canciones populares o la música de baile. (John Spink)

Quien no encuentra el camino del libro siendo niño, ya no lo encontrará nunca más. (Astrid Lindgren)

Los niños no leen porque les están dando literatura políticamente correcta. (Ana María Matute)

Los recorridos de los lectores son discontinuos. No hay que inquietarse: no se entra en la lectura como se abraza una religión. (Michéle Petit)

En las aulas sigue presente el malentendido de que la función del lector es encontrar el genuino sentido oculto de los textos. La consecuencia más perniciosa es que los alumnos se acostumbran a leer con la conciencia de un detective. Eso les lleva a pensar que los textos están repletos de misterios y de trampas. (Juan Mata Anaya)

La solución al gran drama de la lectura está para mí en la enseñanza de la lectura. En la formación del lector. Al precepto del dómine forzudo «la letra con sangre entra», sustitúyase el del pedagogo inteligente «la letra con letra entra». El aprendizaje del bien leer se logra poniendo al escolar en contacto con los mejores profesores de lectura: los buenos libros. El maestro, en esto de la lectura, ha de ser fiel y convencido mediador entre el estudiante y el texto. Porque todo escrito lleva su secreto consigo, dentro de él, no fuera, como algunos piensan… Se aprende a leer leyendo buenas lecturas, inteligentemente dirigido en ellas, avanzando gradualmente por la difícil escala. (Pedro Salinas)

En el origen del eclipse de la lectura están la supresión del orden y del silencio. (George Steiner)

¿Qué atracción puede sentir un alumno en la enseñanza de una lengua centrada en reglas vacías, estructuras sintácticas desprovistas de sentido, estériles, de espaldas a la fascinación de la literatura? (Emili Teixidor)

La primera regla para no alejar a los niños de la lectura es no descorazonarles con dificultades que no puedan superar. (Marc Soriano)

Hemos atiborrado durante años las mentes de los muchachos con análisis gramaticales complejos. Hay que volver a lo básico: a enseñar a leer y a escribir, a leer en voz alta, a recitar, a discursear. La ortografía que yo sé es la que aprendí a los diez años. (Víctor García de la Concha)

La lectura silenciosa era el credo de la época. Directo del ojo al cerebro. Con un test de comprensión cada diez líneas. ¡La religión del análisis y del comentario desde el primer momento! ¡La mayoría de los chavales se cagaban de miedo! (Daniel Pennac)

Hablar de una obra a unos adolescentes y exigirles que hablen de ella puede revelarse muy útil, pero no es un fin en sí. El fin es la obra. La obra en las manos de ellos. Y el primero de sus derechos, en materia de lectura, es el derecho a callarse. (Daniel Pennac)

A lo largo de su aprendizaje, se impone a los escolares y a los estudiantes el deber de la glosa y del comentario, y las modalidades de este deber les asustan hasta el punto de privar a la gran mayoría de la compañía de los libros. (Daniel Pennac)

No tiene sentido que niños de diez, once o doce años desperdicien con las subordinadas adverbiales el tiempo que deberían dedicar a la lectura y la escritura. (Salvador Gutiérrez Ordóñez)

El hecho de que un niño lea bien en voz alta, sin cometer errores, desgraciadamente no prueba que todo vaya bien. Un niño podrá haber dominado la técnica de la lectura y, pese a ello, el hecho de leer le parecerá una experiencia tan vacía que la evitará siempre que pueda. Habrá adquirido una habilidad que no le sirve de nada. (B. Bettelheim; K. Zelan)

Se habla frecuentemente de aprender a hablar en una clase de lengua, pero nunca de aprender a escuchar, como si esta segunda actividad, que depende de la primera, se diera por supuesta. (Lothe)

Para interesar a los alumnos en la lectura es necesario dedicar un tiempo a la disciplina de la lectura. (Emili Teixidor)

Al referirnos a la enseñanza de la Lengua, debemos evitar errores del pasado y no confundir bajo la misma denominación, Lengua Española, dos disciplinas diferentes: a) la práctica o aplicada, que enseña el arte de hablar y escribir, o en términos más modernos, la competencia comunicativa, y b) la teórica, que enseña las estructuras, funciones, historia y variedades de ese objeto de conocimiento que es la lengua española. Aunque se hallan en relación, se diferencian en naturaleza, objetivos, programación, temporalización y criterios de evaluación. Mientras en la programación no figuren como disciplinas distintas, incluso con nombres diferentes, los lingüistas seguiremos siendo víctimas de la eterna maldición que afectó a las artes gramaticales de todos los tiempos. (Salvador G. Ordóñez)

La tarea de formar un lector es multiplicar sus perspectivas, abrir sus orejas, educar su gusto, sensibilizar su tacto, darle tiempo, formar un carácter libre e independiente y hacer de la lectura una aventura... Lo único que puede hacer un maestro de lectura es mostrar que la lectura es un arte libre e infinito que requiere inocencia, sensibilidad, coraje y quizá un poco de mala leche. (Jorge Larrosa)

Nada aprenden en los libros los que leen buscando una proyección de sí mismos o de su mundo, los que no saben sentirse «perdidos y fascinados» en el misterio de lo que no comprenden, los que toman los libros como un instrumento para el brillo social, los que buscan en los libros las respuestas a las preguntas que les hacen sus padres o sus maestros... (Jorge Larrosa)

No creo que a un niño se le deba enseñar únicamente aquello que puede comprender con plenitud. Por el contrario, es la frase a medias digerida; el nombre propio mal encuadrado; el verso no entendido del todo, recordado por el sonido, y el ritmo, más que por su significado, lo que persiste en la memoria y cautiva la imaginación. (E. Panofsky)

Difundir el hábito lector es una empresa necesitada de motivación y contagio tanto como de estrategias. (Julián Moreiro)

La biblioteca

Cuando enseñamos a un niño a ordenar su biblioteca, estamos iniciándole en el arte de la crítica. (J. L. Borges)

En una política de edición inflacionista en que se multiplica sin ton ni son el número de títulos, incumbe a la responsabilidad de los bibliotecarios el hecho de atreverse a informar a su público, atreverse a elegir los libros que merecen la pena y proponerlos de manera eficaz. Al contrario, ¿no se trata de una dimisión como bibliotecario la actitud de aquellos que no se atreven a tomar partido? (Geneviève Patte)

La infancia es breve. En el mejor de los casos, un niño incluso buen lector, no podrá leer en su vida escolar, entre los cinco y los quince años, más de unos 500 títulos aproximadamente, suponiendo que lea uno por semana y que se trate siempre de títulos nuevos. Sin embargo, en los niños es muy fuerte el placer de la relectura, un placer al que los adultos no se entregan con tanta frecuencia. (G. Patte)

Un ordenamiento por edades puede limitar seriamente las posibilidades de elección: puede incitar a los niños a lecturas muy dirigidas y no a lecturas por placer o, incluso, puede provocar un sentimiento de fracaso en aquellos que no alcancen el nivel normal. (G. Patte)

La primera tarea de los bibliotecarios es la de ayudar a los lectores a encontrar lo que se corresponde con sus intereses, sus demandas o sus previsiones. (G. Patte)

Es evidente que el éxito de un servicio bibliotecario depende de la calidad de los materiales que constituyen el fondo y de la calidad del personal que administra y gestiona el servicio. (John Spink)

Está más que demostrado que los índices de lectura en un centro aumentan de manera fulminante a poco que la biblioteca funcione con constancia y diligencia. (Juan Mata)

Se ha demostrado que cuando los bibliotecarios y los docentes cooperan, los alumnos logran alcanzar niveles más altos en conocimientos básicos, lectura, aprendizaje, solución de problemas y competencias en materia de tecnologías de la información y la comunicación. (Manifiesto ifla-unesco)

La biblioteca debe tenerlo todo, o mucho de todo. No andarse con demasiados distingos. Peligroso es negar la entrada en la biblioteca a tal o cual forma de impreso, porque quién sabe cómo estimará el lector del siglo que viene lo que hoy se tiene en menos y quizá él tenga en más. (Pedro Salinas)

Libro de texto mata biblioteca. O dicho de otra manera: a más libros de texto y apuntes, menos biblioteca. (Ramón Salaberría)

Sin bibliotecas escolares no hay promoción de la lectura. (Ramón Salaberria)

El bibliotecario no es un mediador entre los fondos de una biblioteca y el lector, sino entre la información (la enorme marea ascendente de la información) y el usuario. (Manuel Carrión)

....

Las características del bibliotecario de nuestro tiempo deben ser: la actitud de servicio que acepta que la biblioteca y los trabajos que en ella se realizan son para los usuarios; el convencimiento de que la biblioteca es socialmente indispensable; la libertad intelectual que evite toda veleidad censora y la actitud de apertura al cambio que supone conocimiento y aceptación de todo cuanto lleve consigo mejora en las técnicas de la comunicación del conocimiento social. (Manuel Carrión)

....

Es evidente que no todo conjunto de libros puede llamarse biblioteca. Para que una biblioteca sea tal es preciso que cuente con la colección adecuada (en cantidad, calidad y variedad), con el personal técnico necesario y con las instalaciones suficientes. Por último, debe presentar unas condiciones de acceso imprescindibles. (Manuel Carrión)

....

A los estudiantes españoles se les hurta la posibilidad de ejercitarse en esos gimnasios llamados bibliotecas escolares, en la facultad de buscar información relevante en fuentes impresas y electrónicas, en la facultad de evaluar y comparar diversas fuentes de información y en la facultad de aplicar el conocimiento a un uso privado. (Ramón Salaberria)

....

La función del profesor es mantener viva la biblioteca como espacio de formación. Y eso no significa producir eruditos, personas que saben, sino mantener abierto un espacio en el que cada uno pueda encontrar su propia inquietud. (Jorge Larrosa)

....

La resistencia a la lectura es una enfermedad congénita en España. Esto se corregiría en parte si hubiera buenas bibliotecas. (Grande Covián)

....

Las bibliotecas reservadas a los niños son una iniciativa que dice mucho a favor de la sensibilidad de un pueblo. (Paul Hazard)

....

¡Ah! ¿Dónde estás, biblioteca de mi infancia? El bibliotecario era un viejo gotoso y gruñón, que se desesperaba si alguien le pedía un libro situado en los estantes altos, lo que le obligaba a echar mano de la escalera. Era una biblioteca solitaria y triste: parecía la mansión de los muertos. Y solo podía entrarse en ella como un favor extraordinario; las bibliotecas no se hicieron para los niños. (Paul Hazard)

....

La biblioteca para niños debe ser un hogar antes que una escuela. (PAUL HAZARD)

Aparece una diosa. Miss Ina, la bibliotecaria, se fija en (Jack London) el niño callejero devorador de libros, de gastada ropa. Mis Ina se preocupa de él, le indica el camino entre el laberinto de catálogos y pone prudentemente un poco de sistema en el fogoso lector. Comprensiva, contesta a las preguntas y cuando él tampoco sabe cómo seguir adelante, ella encuentra inmediatamente libros que den la respuesta. La biblioteca se convierte en la segunda casa de Jack. Mis Ina, una amiga maternal. La «diosa de su niñez». (M. KRAUSNICK)

Los recortes a las bibliotecas atentan contra el derecho de todos a la información y a la educación, a la igualdad de oportunidades, a la formación y consolidación de los valores democráticos. (MANUEL R. RIVERO)

La función de la biblioteca coincide, en última instancia, con la de la lectura: diversión, formación, información. (MANUEL CARRIÓN)

Tener una biblioteca abierta es como tener una farmacia de guardia. En la farmacia te despachan medicinas para el cuerpo, y en la biblioteca tienen montones de remedios para la melancolía, el aburrimiento o la curiosidad. (ANTONIO G. ITURBE)

La narración oral

El saber es primero carnal. Son nuestros oídos y nuestros ojos los que lo captan, nuestra boca la que lo transmite. (DANIEL PENNAC)

La literatura en los colegios debería ser un paréntesis dentro de la actividad diaria, una hora de sosiego en la que el alumno escucha, piensa en sus cosas o se duerme mientras el maestro lee en voz alta libros que no tienen por qué seguir el disparatado orden del canon escolar. (DANIEL PENNAC)

Los maestros deberíamos ser más cuentistas que contables, más trovadores que docentes, porque el hombre que lee en voz alta nos eleva a altura del libro. (DANIEL PENNAC)

El amor a la lectura depende de la tradición oral. (DANIEL PENNAC)

Somos el homo sapiens porque fuimos el homo narrans. (José María Merino)

Leer en voz alta cuando se lee a solas es estúpido y dificulta muchísimo el seguimiento y la comprensión. ¿Quién de nosotros, adultos, lee privadamente en voz alta? Si leer en voz alta perfecciona la dicción y la entonación, entonces esperemos a que el niño sepa leer bien y le guste la lectura; esperemos a que preparen primero el texto, probando la entonación y las pausas. (Francesco Tonucci)

Los cuentos de hadas son únicos, y no solo por su forma literaria, sino también como obras de arte totalmente comprensibles para el niño, cosa que ninguna otra forma de arte es capaz de conseguir. (Bruno Bettelheim)

Si no te enseñan de niño a gustar del encanto de la palabra, del ritmo de la palabra, no tienes nada que hacer. Yo puedo estar escuchando a un señor que esté hablando en ruso o en griego —lenguas que ignoro— por el puro placer fonético. Hay gente a la que he dicho: lee ese poema. Lo leen y te dicen: no lo entiendo. Pero se lo lees tú y les gusta. Es una cuestión de primera enseñanza. (José Hierro)

Existen temores que el niño busca, pues le brindan seguridad. De igual modo que el juego del escondite, por ejemplo, cura al niño del temor físico. Así como algunas formas de lo cómico desvanecen su angustia ante la autoridad, asimismo los cuentos lo curan de una angustia más compleja y difícil de definir. (M. Vérot)

Los humanos no somos problemas o ecuaciones, sino historias; nos parecemos menos a las cuentas que a los cuentos. (F. Savater)

Un niño puede escuchar las peores cosas sin perder la inocencia. (H. C. Andersen)

Nada le gusta tanto a un niño como que le metan miedo. (Óscar Collazos)

Algunas de las palabras que la abuela usaba eran difíciles de entender. A mí me fascinaban aunque no las entendiera. Tenían música. (Óscar Collazos)

> Yo no sé muchas cosas, es verdad.
> Digo tan sólo lo que he visto.
> Y he visto:
> Que la cuna del hombre la mecen los cuentos…

Que los gritos de angustia del hombre los ahogan con cuentos…
Que el llanto del hombre lo taponan con cuentos…
Que los huesos del hombre los entierran con cuentos…
Y que el miedo del hombre
Ha inventado todos los cuentos.
Yo no sé muchas cosas, es verdad.
Pero me han dormido con todos los cuentos…
Y sé todos los cuentos. (León Felipe)

....

El cuento es una creación inconsciente de la fantasía, comparable a un sueño. La diferencia es que no es el producto de una fantasía individual sino de la de muchas personas, incluso de pueblos enteros. Por eso pueden considerarse sueños de la humanidad y responden a problemas de la humanidad. (Sibylle Birkhäuser-Oeri)

....

Yo soy capaz de creerme que los elefantes vuelan si me lo cuentan bien. (Juan Marsé)

....

Los cuentos de animales continúan siendo hoy un magnifico vehículo de educación estética y moral de los niños. (Vladimir Propp)

....

Las novelas tratan de cosas corrientes vistas por gente excepcional: los cuentos de hadas contienen cosas extraordinarias vistas por gente corriente. (G. H. Chesterton)

....

Todos los cuentos de hadas son inmorales, amorales, sanguinarios, crueles, poéticos, dulces, esperanzadores, perversos e inocentes. (Ana María Matute)

....

El cuento es una creación inconsciente de la fantasía, comparable a un sueño. La diferencia es que no es el producto de una fantasía individual, sino de la de muchas personas, incluso de pueblos enteros. Por eso pueden considerarse sueños de la humanidad y responden a problemas de la humanidad. (Sibylle Birkhäuser- Oeri)

....

La vista aísla, el oído une. Mientras la vista sitúa al observador fuera de lo que está mirando, a distancia, el sonido envuelve al oyente. Es posible sumergirse en el oído, en el sonido. No hay manera de sumergirse de igual modo en la vista. Por contraste con la vista (el sentido divisorio), el oído es, por tanto, un sentido unificador. Un ideal visual típico es la claridad y el carácter distintivo. El ideal auditivo, en cambio, es la armonía, el conjuntar. (Walter J. Ong)

....

Los libros, los lectores y la lectura

Me parece fascinante un texto cuando mantiene un resto inexplicado, una especie de misterio que hace presentir al lector que hay algo evocado tan solo por el lenguaje. (Cristina Nostlinger)

....

Para mí, una historia bien contada es una historia que el lector no tiene la impresión de leer, sino de vivir; una historia que por su poder de persuasión interno anula la distancia entre lo escrito y el lector, elimina esa actitud crítica con la que inevitablemente nos acercamos siempre a un texto literario y en un momento dado da la impresión, al lector, de que las palabras se han eclipsado y que las reemplazan los hechos, los paisajes, la realidad pura, viva, una historia que parece vivida, no leída. (Mario Vargas Llosa)

....

Los libros deben ser difíciles de escribir y fáciles de leer y no fáciles de escribir y difíciles de leer. (Wang Chung)

....

El buen lector es el lector omnívoro, preparado para recoger cualquier cosa que esté a su vista. ¿De qué otra manera el individuo descubre sus gustos y preferencias? (John Spink)

....

Mi concepto de literatura es enormemente amplio, tanto que haría torcer el gesto a críticos algo exigentes. Tiene sus orillas en los géneros más populares y de tradición oral, muchas veces desdeñados en los círculos literarios selectos. (Dámaso Alonso)

....

La literatura necesita de narraciones bien construidas, no de mensajes añejos, pues cuando un cuento tiene calidad, su mensaje será descubierto tarde o temprano. Si desaparecieran todos los mensajes y solo se quedaran los diez mandamientos, todavía tendríamos suficientes mensajes para el presente y el futuro. El problema no está en no tener mensajes suficientes, sino en cumplir los que tenemos. (Isaac Bashevis Singer)

....

La novela moral es literariamente inmoral: para servir a la ejemplaridad siempre se manipulan de uno u otro modo los acontecimientos. (Rafael Sánchez Ferlosio)

....

La mayoría de la gente ha aprendido a leer para servir a una mezquina conveniencia, del mismo modo que se aprende a contar para llevar la contabilidad y que no le engañen a uno en los negocios. Son leedores, es decir, los que poseen los conocimientos suficientes para enterarse del contenido de un texto escrito. En cambio, lector es el que lee por leer, por amor invencible al libro, por ganas de estarse con él horas y horas lo mismo que se quedaría con la amada. (Pedro Salinas)

No hay libro que merezca la pena leer a los diez años que no sea digno de leer a los cincuenta. (C. S. Lewis)

Los niños son los mejores lectores de auténtica literatura, y siguen siendo lectores independientes que solo confían en su propio criterio. Nombres y autoridades no significan nada para él. (Isaac Bashevis Singer)

Cuántas menos palabras se dominan, menos posibilidades de pensamiento se tienen. (Antonio Muñoz Molina)

La literatura empieza donde acaba la gramática, donde finaliza la sintaxis. (Javier Marías)

El papel de la literatura es contribuir al desarrollo del individuo y esto requiere buenos libros. Un libro más bien pobre incide sobre un niño y le hace retroceder uno o dos pasos; uno mediocre incide sobre él pero le deja donde estaba; un buen libro promueve su toma de conciencia respecto a las posibilidades que le ofrece la vida, a la universalidad de la existencia y al despertar de sus reacciones. (Sheila Eggon)

Si un libro es inteligente, lo es para personas de cualquier edad. (Michael Ende)

Todo es subjetivo en la lectura; la lectura depende del lector. La norma que sirve para uno no sirve para otro. En la lectura hay que tener en cuenta quién la hace, en qué edad, en qué sitio, en qué circunstancias. Los libros cambian según el ambiente: favorece el ambiente a unos, perjudica a otros. (Azorín)

Lo que diferencia la literatura de la escritura es el tratamiento del lenguaje. Podría escribir una novela todos los meses, pero para mí la literatura es otra cosa. La literatura es conseguir que las palabras signifiquen más de lo que significan. Escribir es muy fácil, escribir bien es muy difícil. Para mí una novela no es lo que cuenta, es cómo lo cuenta. ¿De qué trata *La Regenta*? De un adulterio, y hay miles de novela sobre eso. Unas pasan a la historia y otras no. ¿Por qué? Por el lenguaje, por cómo está contando y cómo se consigue que la emoción sea diferente a través de la palabra. (Julio Llamazares)

Pienso que solo deberíamos leer libros de los que muerden y pinchan. Si el libro que leemos no nos despierta de un puñetazo en la cara, ¿Para qué leerlo? Un libro tiene que ser un hacha que abra un agujero en el mar helado de nuestro interior. (F. Kafka)

....

Lo que se lee es de la misma importancia del cómo se lee. (Mortimer Adler)

....

Nada me duele más que el desdén con que trata la gente a los autores secundarios, como si solo los de primera cupiesen en el mundo. (Virginia Woolf)

....

En toda vida de lector hallaron su papel, imprimieron su delicada marca, libros que los estancadotes o estanqueros de las listas desairan sin vacilar. (Pedro Salinas)

....

Empecé a leer como una extensión de mis juegos. Cualquier niño, cuando se queda solo en casa, suele inventarse historias. Con un balón y una caja de cartón, hay quien se inventa un campeonato del mundo de fútbol… La lectura es una extensión sentimental, y más tarde reflexiva, de la vida. (Luis García Montero)

....

Un libro es valioso cuando es capaz de seducirnos, así tengamos siete años o setenta. (Felipe Benítez Reyes)

....

Leemos los adultos cargados de sentimientos, ideas y reminiscencias y los niños leen con el cerebro limpio y lozano. No ponen en la lectura los elementos —aviesos elementos muchas veces— que nosotros ponemos. (Azorín)

....

Hay dos virtudes que nadie le puede negar a la lectura: su ejercicio produce un placer estético que solo es superado por los que producen los de la música y la sexualidad; y desarrolla las capacidades de comprensión y de construcción textual. Es decir, la lectura tiene una utilidad sensorial y una utilidad práctica, pero tal vez no tenga ninguna utilidad ética. (Luisgé Martín)

....

Una inteligencia llena de imágenes y vacía de palabras es una inteligencia mínima, tosca, casi inútil. (José Antonio Marina)

....

Uno lee para hacerse preguntas. (Franz Kafka)

....

El arte de leer no es un capítulo más de la educación y, menos aún, de la enseñanza, sino la base de ambas. (Víctor García de la Concha)

....

La crisis de la lectura resalta en la mayoría de edad de las gentes, pero empieza, y es donde hay que atacarla, en su minoría, en la infancia. (Pedro Salinas)

Es literaria la obra que no es un instrumento sino un fin en sí. Es literatura la lectura no funcional, la que satisface una necesidad cultural no utilitaria. (Robert Escarpit)

Muchos niños, dadas las circunstancias adecuadas, son lectores por naturaleza hasta que su instinto es destruido por los medios de comunicación. (Harold Bloom)

No por leer los mejores libros vamos a convertirnos en mejores ciudadanos. (Harold Bloom)

Al lector se le llenaron de pronto los ojos de lágrimas y una voz cariñosa le susurró al oído: ¿Por qué lloras, si todo en este libro es de mentira? Lo sé; pero lo que yo siento es de verdad. (Ángel González)

Un libro siempre ha de tener una pizca de asombro, una dosis de inverosimilitud, un puñado de fantasía y otro de locura. (Alfredo Gómez Cerdá)

La lectura es acumulativa y procede por progresión geométrica: cada nueva lectura edifica sobre lo que el lector ha leído previamente. (Alberto Manguel)

Un libro debe ser excitante, rápido, debe tener un buen argumento, pero, sobre todo, ha de ser divertido. (R. Dahl)

La literatura es la infancia al fin recuperada. (Georges Bataille)

Sabemos que un hombre puede leer a Shakespeare, a Goethe o a Rilke por la noche e ir por la mañana a su trabajo en Auschwitz. (George Steiner)

Quien manda en las palabras, manda en nosotros, por dentro y por fuera. (Manuel Rivas)

Lo que me importa del libro que leen es cómo trabaja en su interior, cómo se ve afectada su personalidad, cómo se sienten al verse reflejados en los personajes con los que se encuentran, cómo pelean sus ideas con las ideas de los otros, cómo la marea de las palabras va horadando la roca de tantas ideas manidas, de tantos prejuicios. (José Luis Polanco)

La literatura mimética que reproduce oralmente el mundo de los jóvenes es mala. Yo escribo para que seamos mejores. Para crecer. Para subir al lector en una parada y bajarlo en otra, más lejos. Si un libro no te da un tránsito personal, no sirve. Escribo para el vislumbre de un mundo nuevo. (Eliacer Cansino)

....

No hay libros morales o inmorales; los libros están bien escritos o mal escritos. (P. Pulmman)

....

Si una mala novela despierta en vuestra alma sentimientos de bondad y belleza, ¿qué importa su escaso valor literario? (Armando Palacio Valdés)

....

El libro que no hace bailar nuestro pensamiento debemos soltarlo inmediatamente. (Armando Palacio Valdés)

....

Los clásicos son libros que ejercen una influencia particular, ya sea cuando se imponen por inolvidables, ya sea cuando se imponen por inolvidables, ya sea cuando se esconden en los pliegues de la memoria mimetizándose con el inconsciente colectivo o individual. (Italo Calvino)

....

Ninguna historia realmente interesante puede prescindir de la muerte, como ninguna historia que aspira a conmovernos puede prescindir del amor. (Gustavo Martín Garzo)

....

Si la filosofía nos ha enseñado a pensar, las novelas y los cuentos nos han enseñado a sentir. (José María Merino)

....

El 70% de la buena literatura es lenguaje. (José Saramago)

....

Un escritor no existe porque haya gente que hable bien de él, sino porque sabe hablar muy bien de lo que es la gente. (C. Pujol)

....

La lectura es una conversación con las mentes más lúcidas de la historia. (Umberto Eco)

....

El lenguaje es la capa de ozono del alma y su adelgazamiento nos pone en peligro. (Sven Birkerts)

....

El buen lector determina personalmente el grado de adecuación del texto, puede aceptar un texto superior a sus capacidades. El mal lector solo aceptará el libro si responde a sus centros de interés, sobre todo si conoce a priori de qué trata el libro. (Juan Cervera)

....

La buena literatura no es la que adula al lector, confirmando sus prejuicios y seguridades, sino la literatura que acosa y que pone dificultades, la que obliga a ajustar cuentas con su mundo y sus certezas. (Claudio Magris)

....

El signo inequívoco de que alguien carece de sensibilidad literaria consiste en que la frase «ya lo he leído» es un argumento inapelable contra la lectura de determinado libro. En cambio, quienes gustan de las grandes obras, lee un mismo libro diez, veinte o treinta veces. (C. S. Lewis)

....

El lector ideal ha sido infeliz, es politeísta, lee para encontrar preguntas, lee toda literatura como si fuera anónima, no es un arqueólogo, proselitiza, tiene una ilimitada capacidad de olvido. (A. Manguel)

....

Cuando una persona es lo bastante afortunada para vivir dentro de una historia, para habitar un mundo imaginario, las penas de este mundo desaparecen. Mientras la historia sigue su curso, la realidad deja de existir. (Paul Auster)

....

La cultura no deriva de la lectura de libros, sino de la lectura exhaustiva e intensa de buenos libros. (Aldous Huxley)

....

La literatura exige de sus receptores un grado no pequeño de formación cultura, además de una serie de cualidades que no todo el mundo posee, como la sensibilidad para determinados registros y temas, la paciencia para el libro voluminoso, para el que frecuenta zonas de vocabulario inusual, para el que abunda en innovaciones estilísticas; en fin, para el que no se deja leer con un ojo mientras se mira con el otro a otra parte. (Fernando Aramburu)

....

No escribo para transmitir mensajes. Me interesa transmitir emociones y sentimientos, no conceptos. (Juan Marsé)

....

Aquellos a quienes se designa como no lectores leen, pero leen otras cosas que no son las que el canon escolar define como una lectura legítima. Quizá la solución no está en considerar como no lecturas esas lecturas libres dedicadas a objetos de poca legitimidad cultural, sino en tratar de apoyarse en esas prácticas incontroladas y diseminadas a fin de ayudar, a través de la escuela y otras vías, a que esos lectores encuentren otras lecturas. (R. Chartier)

....

Los libros, como los amores, deben ser pocos, raros y excepcionales, nunca compartidos con demasiada gente. Nada de promiscuidad indiferente ni de caridad cristiana: ¡un gusto bien educado! (Jorge Larrosa)

Quien haya leído *La metamorfosis* de Kafka y pueda mirarse impávido al espejo puede ser capaz, técnicamente, de leer letra impresa, pero es un analfabeto en el único sentido de la palabra. (G. Steiner)

El arte de la lectura está íntimamente relacionado con el sentido del gusto y con la salud de la digestión. Leer bien es comer bien: saber escoger los libros que se avienen a la propia naturaleza y rechazar los otros, leer libros variados, con placer y frugalidad, asimilar lo esencial y olvidar el resto, dedicarle el tiempo justo... (Jorge Larrosa)

La literatura no es una experiencia de formación, sino de transformación. (Jorge Larrosa)

El esfuerzo del escritor no alcanza más que a levantar parcialmente en nuestro honor el velo de la miseria y de la insignificancia que nos deja indiferentes ante el universo. En ese momento es cuando dice: ¡Observa! ¡Aprende a ver! Y en ese mismo instante desaparece. (M. Proust)

Con *La isla del tesoro, El conde de Montecristo* y *Las mil y una noches* aprendí que solo deberían leerse los libros que nos fuerzan a releerlos. (G. García Márquez)

Creo que he aprendido más de los libros que no entendí que de los que intentaban comprenderme a mí. Me gustaba leer para sentirme desorientado, fuera de sitio, inseguro para ver tambalearse mis certezas. ¿Cómo iba a crecer si solo leía aquello que confirmaba mi pequeño mundo? (Rafael Reig)

No puede todo estar explicado en un libro, porque entonces ya no sería literatura, sería un manual, un folleto explicativo de cómo se maneja algo. (Ana María Matute)

El libro es tanto del lector como del autor, porque el autor no lo da todo hecho. Simplemente, intenta despertar en el lector una curiosidad, una búsqueda, una pregunta. (Ana María Matute)

Un clásico es una obra que nunca termina de decir lo que tiene que decir. (Italo Calvino)

La exageración es la esencia misma del arte. (G. K. Chesterton)
....

La literatura debe constituir un medio para enfrentarse a la tristeza de la realidad, a nuestros miedos y al silencio… Nombrar es conocer; por lo tanto, los escritores nos ayudan a dominar nuestros miedos. (Alessandro Baricco)
....

Me era muy fácil inventarme con la fuerza de mi imaginación lo que no entendía. Al leer un libro, para mí sigue siendo más importante crearme sueños que se adecuen a lo que estoy leyendo que entenderlo. (Orhan Pamuk)
....

Los esfuerzos y estratagemas ideados por los esclavos para aprender a leer son prueba suficiente de la relación entre la libertad civil y el poder del lector, y del temor que esa libertad y ese poder provocan en todo tipo de gobernantes. (Alberto Manguel)
....

En un texto narrativo, el lector está obligado a optar permanentemente. Ante cada situación, debe elegir una solución. Para cada personaje, crear una cara. Para cada escenario, visualizar un cuadro… (Umberto Eco)
....

La animación y la promoción de la lectura

Hay que darles a oler que detrás de cada libro hay una orgía de placer. (Daniel Pennac)
....

El amor por la lectura se aprende, pero no se enseña. Nadie nos puede obligar a enamorarnos. (Alberto Manguel)
....

El gusto por la lectura se transmite como se transmite el interés por una película: contándola bien. Hay que hechizar y por eso son tan importantes los maestros, porque son los encargados de desplegar los hechizos. (Juan Marsé)
....

La lectura de los jóvenes debe ser breve, ya que no disponen aún de la capacidad de atención y de concentración de un adulto. (Marc Soriano)
....

La lectura es experiencia cuando confluyen el texto adecuado, el momento adecuado y la sensibilidad adecuada. (Jorge Larrosa)
....

El verbo leer no soporta el imperativo, aversión que comparte con otros verbos, como el verbo amar o el verbo soñar. (Daniel Pennac)

Para que la literatura infantil no caiga sobre los niños como algo externo a ellos o como una tarea fastidiosa, sino que, por el contrario, surja de ellos y viva con ellos para ayudarles a crecer y a desarrollarse en un plano más elevado, hemos de lograr una íntima vinculación entre imaginación, juego y libro. (Gianni Rodari)

Para animar hace falta un arte muy especial, cuya finalidad es despertar energías dormidas. (José Antonio Marina)

Es relativamente normal que un niño, en determinada etapa de su desarrollo, se demore en libros que corresponderían a un nivel ya superado. Estos estancamientos momentáneos no significan retrocesos; por lo general, corresponden a una necesidad de consolidación de lo ya adquirido y son el preludio de nuevos progresos. Por la razón inversa, es deseable que los niños dispongan también de libros que superen un poco sus posibilidades del momento y que les exijan cierto esfuerzo. (Marc Soriano)

Parece establecido desde siempre y en todas las latitudes, que el placer no tiene que figurar en el programa de las escuelas y que el conocimiento solo puede ser el fruto de un sufrimiento bien entendido. (Daniel Pennac)

Creo que la edad primera es la indicada para contraer el vicio de leer. Pienso que solo desde la ingenuidad absorbente y estupefacta del lector inocente y sin prejuicios, el que sigue los argumentos con devoción, pueden establecerse las bases de un buen lector adulto. (José María Merino)

El juego es la respiración del esfuerzo, el otro latido del corazón, no perjudica la seriedad del aprendizaje, es su contrapunto. Además, jugar con la materia es también entrenarnos a dominarla. (Daniel Pennac)

Hay tres rasgos que delatan cuándo una defensa de la lectura es falsa: la ausencia de una política cultural de conjunto, lo que en cierta manera legaliza la rivalidad entre la lectura y los medios de comunicación masiva, en lugar de hacerles colaborar unos con otros; una promoción de la lectura que se ocupa exclusivamente de los lectores adultos; la limitación del aprendizaje de la lectura al ámbito escolar, en lugar de vincular el libro a la vida y plantear la lectura como una adquisición permanente. (Marc Soriano)

Para mí, el plan de fomento de la lectura ideal sería el de buenos libros, más bibliotecas y menos tonterías. (Carlos Ruiz Zafón)

La lectura es un hábito que se contrae por una aleatoria coincidencia de factores. (Fabricio Caivano)

Hace años, echamos por la ventana el viejo didactismo (la moraleja mal vestida); ha vuelto a la puerta llevando vestidos modernos (valores distinguidos) y ni siquiera lo reconocemos. (John Rowe Townsend)

La única cosa es dar placer al lector joven. No corresponde al adulto decidir si un libro es bueno o malo; puede dar su opinión, pero la que cuenta es la del lector. (Denise Escarpit)

La animación es un acto consciente realizado para producir un acercamiento efectivo, intelectual y personal a un libro concreto, de forma que el efecto del contacto produzca una estimación genérica hacia los libros. (Carmen Olivares)

Es trabajo todo lo que uno está obligado a hacer, y distracción, todo lo que se hace porque sí. (Mark Twain)

¿Cuántos lectores no llegarán a existir gracias a la gran conjura de los necios y de los comisarios políticos que han asolado la educación española? (Antonio Muñoz Molina)

La lectura no tiene relación alguna con el espectáculo. Leer es relacionar (experiencia) y anticipar (imaginación). (Xavier P. Docampo)

Hay que saber enlazar la lectura con alguno de los tres grandes deseos del niño: pasarlo bien, sentirse reconocido, sentir que progresa. (José Antonio Marina)

Para sentir muchas ganas de leer, un niño debe estar convencido de que la lectura le abrirá todo un mundo de experiencias maravillosas, disipará su ignorancia, lo ayudará a comprender el mundo y a dominar su destino. (Bruno Bettelheim)

La animación a la lectura es, principalmente, cuestión de actitud. Confío más en la persuasión que en la prescripción. La prescripción pertenece al orden de las normas, las exigencias, las obligaciones, los resultados; la persuasión, por el contrario, tiene que ver con la autenticidad, la incertidumbre, la convicción, el compromiso. La persuasión es inseparable de la persona que la procura, pues no hay que olvidar que, al hacer presentes los libros ante alguien, también uno se hace presente. Esa presencia es fundamental. No concibo la animación a la lectura como un oficio ni como un saber de expertos, sino como un compromiso personal. (Juan Mata Anaya)

La ficción fantástica

Para mí los hechos deben ser el final de la educación: primero, mitos; sobre todo, mitos. Los hechos no provocan sentimientos. (Ortega y Gasset)

La fantasía ni ofende ni destruye la razón. Al contrario. Cuanto más aguda y más clara sea la razón, más cerca se encontrará de la fantasía. (J. R. R. Tolkien)

No hay que tener miedo a la fantasía, pues no es la fantasía lo que atormenta a los niños, sino lo real inalcanzable. (Jacqueline Held)

Opino que la cruda realidad ha de ser cocida para convertirla en ficción narrativa (la primera es indigesta, mientras que la segunda puede ser asimilada hasta el último de sus nutrientes). Esto no quiere decir que yo rehúya la realidad, sino que prefiero abordarla con la distancia crítica que permiten la fantasía, el humor o la aventura. (Joel Franz Rosell)

Cuando una persona es lo bastante afortunada para vivir dentro de una historia, para habitar un mundo imaginario, las penas de este mundo desaparecen. Mientras la historia sigue su curso, la realidad deja de existir. (Paul Auster)

El problema de lo que se considera «buena literatura infantil» es que muchos de estos relatos fijan la imaginación del niño al nivel que ha alcanzado ya por sí solo. Los niños disfrutan con este tipo de historias, pero no obtienen de ellas más que un placer momentáneo. No consiguen seguridad ni consuelo respecto a sus problemas más acuciantes; solo huyen de ellos durante algunos instantes. (Bruno Bettelheim)

Hay motivos para creer que solo aquellos para quienes la lectura estuvo dotada, en una edad temprana, de algunas cualidades visionarias y de significado mágico llegarán a ser instruidos. Son los que albergan en su inconsciente algún convencimiento de que leer es un arte que permite acceder a mundos mágicos. (B. BETTELHEIM; K. ZELAN)

Gracias a la lectura literaria, igual que gracias al juego, el lector explora, experimenta, enmienda, descubre, analiza, siente, sublima, crea, imita, ordena, se consuela y goza. Leer podría así considerarse una de las formas más adultas, más intelectuales, más socializadas y más civilizadas de jugar. (JUAN MATA)

Sin la imaginación no habrá ciencia, ya que la ciencia significa una hipótesis triunfadora, una hipótesis cierta, a la que se ha llegado después de infructuosas hipótesis, creadas todas, las fecundas y las estériles, por la imaginación. (AZORÍN)

San Juan dijo que el que no ama está muerto. Yo me atrevo a decir que el que no inventa, no vive. (ANA MARÍA MATUTE)

No hay más verdadera historia que la novela. (UNAMUNO)

La literatura es la expresión de la belleza creada para la fantasía mediante el lenguaje escrito según la estilística. (MICÓ BUCHÓN)

La literatura revolucionaria siempre ha sido fantástica, satírica y utópica. (ITALO CALVINO)

Con nada goza el niño más que con romper la lógica. (UNAMUNO)

Los grandes fundadores de religiones —Jesús, Buda— anunciaron la verdad, pero para conseguir que los hombres la entendieran y la sintieran de forma concreta, necesitaron la literatura: contaban parábolas... Esta es la auténtica dimensión moral y política de la literatura, que no predica, sino muestra. (CLAUDIO MAGRIS)

Necesitamos beber sueños como quien precisa beber agua. (ÁLVARO CUNQUEIRO)

Toda crisis de la sociedad es, en última instancia, una crisis de la imaginación. (ALBERTO MANGUEL)

La Ilustración y los géneros literarios

El ilustrador tiene la doble tarea de revalorizar el texto y de expresarse personalmente. (Denise DuPont – Escarpit)
....

El ilustrador deberá, por un lado, dar alas a la fantasía, hacer galopar por el reino de la aventura, y por otro lado, deberá dar la rigurosa precisión del documento y del ejemplar técnico. (Enzo Petrini)
....

El álbum es la única contribución que la Literatura Infantil ha hecho a la Literatura, ya que los demás géneros han sido puramente imitativos. (Cecilia Silva – Díaz)
....

Los niños no se asustan por el dibujo de monstruos a no ser que el adulto insista sobre su carácter perverso. (Jean Piaget)
....

El álbum ilustrado es una obra en que la ilustración es esencial, predominante, y el texto puede estar ausente o presente al cincuenta por ciento. (Denise Escarpit)
....

Ser un ilustrador es ser un participante, alguien que tiene algo que decir tan importante como el autor del libro, en algunas ocasiones más importante, pero nunca el eco del autor... No se debe nunca ilustrar lo que se ha escrito. Debe encontrarse un espacio en el texto de manera que las imágenes puedan hacer su trabajo. (Maurice Sendak)
....

Las ilustraciones distraen más que ayudan. Las imágenes dirigen la imaginación del niño por derroteros distintos de cómo él experimentaría la historia. Un cuento pierde gran parte de su significado personal cuando se da cuerpo a sus personajes y acontecimientos, no a través de la imaginación del niño, sino de la del dibujante. (Bruno Bettelheim)
....

Un 80% de profesores de literatura no lee poesía, así que cuando intentan enseñarla, lo que enseñan en realidad es métrica. (Joan Margarit)
....

El espectador de teatro no lee palabras, lee acciones. (Juan Cervera)
....

Es difícil hacer teatro para niños. Se trata de buscar su nivel sin agacharse. (Alejandro Casona)
....

El aula es una prolongación de las artes de la representación. En ella se encuentran los elementos fundamentales del teatro y de la comunicación: el emisor, un docente que hace las veces de un actor; el mensaje, el material académico que sustituye al texto representado; y el receptor, los estudiantes que se convierten en público. (A. García del Toro)

La poesía es el universo puesto en música por el corazón. (Sully Prudhomme)

El teatro hecho por los niños es uno de los mejores caminos para que la expresión infantil logre su máxima potenciación. (Luis Matilla)

La poesía debe ser natural, breve, seca. Que brote del alma como una chispa eléctrica, que hiera el sentimiento con una palabra y huya. (Gustavo A. Bécquer)

Hay que dejar un hueco entre la ilustración y el texto… Puede haber algo en las imágenes que el texto no revela; de la misma forma, el texto puede decir cosas que no vemos en la ilustración. Los huecos se dejan para que los lectores los llenen con su imaginación. (Anthony Browne)

Crear las ilustraciones primero y escribir el cuento después en respuesta a ellas es, en mi opinión, la peor forma de acercarse a un álbum ilustrado. (Anthony Browne)

Un buen álbum ilustrado es aquel en que las palabras y las imágenes funcionan tanto juntas como separadas. (Anthony Browne)

La escritura y las nuevas tecnologías

Todo el mundo puede escribir un mal libro infantil. Pero es difícil escribir uno bueno. (Roald Dahl)

No. No escribo para los niños. Nunca. Me avergonzaría de hacerlo. Es subliteratura. Pero tengo un ideal literario, unos maestros y esos maestros se llaman Perrault, La Fontaine, Kipling, Selma Lagerloff, Jack London, Saint-Exupéry… Son autores que no escriben nunca para niños. Solo que escriben tan bien, que los niños pueden leerlos. (M. Tournier)

Al leer el lector escribe. Todo lector auténtico es un escritor y todo escritor verdadero es un lector. (Sven Birkerts)

....

¿Cómo inculcar valores con libros que no han sido escritos honradamente? ¿Cómo contar verdades con personajes falsos y tramas endebles? ¿Cómo trasmitir pasión cuando no se tiene otra inspiración que un encargo editorial o la certeza de que el asunto es de actualidad o está de moda? (Joel Franz Rosell)

....

Me gusta pensar que escribo para el adulto que el niño será un día y para el niño que aún está en el adulto. (David McKee)

....

Huir de la línea escrita es huir del argumento, de la razón, de la claridad, del análisis, de la capacidad de crítica. Es, en último término, abdicar de la libertad. La ignorancia es iletrada. Esto conviene repetirlo en un momento en que estamos a punto de naufragar en la fascinación de las redes. Quien piense que conectarse con Internet supone algún progreso o entraña algún aumento de conocimiento es un memo tecnológico. En la red se encuentra solo lo que se sabe leer. El analfabeto funcional seguirá siéndolo conectado o desconectado. Los que proponen la red como una panacea están timando al personal. Es mentira que hayamos entrado en una sociedad de la información. En todo caso, hemos entrado en una «sociedad del aprendizaje», donde saldrán a flote los que sepan aprender, los que leen más y mejor. (José A. Marina)

....

Escribir es hablar de cosas que todo el mundo sabe pero que no sabe que sabe. (Orhan Pamuk)

....

La cualidad principal de la prosa es la precisión: decir lo que se quiere decir, sin adornos ni frases notorias. En cuanto la prosa «se ve», es mala. (Augusto Monterroso)

....

Los jóvenes usan Internet para una inmersión en la facilona piscina de la cultura instantánea. Picotear de todo y no saber de nada. Del zapeo nervioso al cliqueo compulsivo, vamos hacia la tumba de la reflexión y el pensamiento. (César Casal)

....

Así como distribuir libros masivamente es condición necesaria pero no suficiente para promover la lectura, universalizar el acceso a las nuevas tecnologías no garantiza su plena utilización. (Juan Carlos Tedesco)

....

Escribo los libros que me hubiera gustado leer de pequeño. Pero no escribo en recuerdo de mi propia infancia. El niño que yo solía ser, hoy todavía vive y entre él y el adulto que soy, no existe abismo alguno. Cuando dejamos de ser niños estamos muertos. (Michael Ende)

A veces temo que la revolución informática pase por encima de la literaria sin que esta última se haya producido aún. No es bueno dar saltos en el vacío y, antes de entrar en el hombre informático, debemos pasar por el hombre tipográfico. (Eliacer Cansino)

Jorge Luis Borges dijo en cierta ocasión que en realidad solo hay cuatro historias que puedan contarse: a) una historia de amor entre dos personas; b) una historia de amor entre tres personas; c) la lucha por el poder, d) un viaje. (Paulo Coelho)

La división se establece entre usuarios y manipuladores, entre aquellos a los que las nuevas tecnologías volverán más pasivos y aquellos que elevarán la voz y que cumplirán un papel más protagonista en la evolución social y tecnológica. (Juan Carlos Tedesco)

Hoy día abundan los escritores que aprovechan cualquier oportunidad para cubrir de requiebros a los aficionados a los libros. Obviamente los adulan llevados de la certera intuición de que sin ellos no son nada. Por lo mismo podrían injuriarlos a fin de golpear su atención. Buscan público sin distinción de intereses y calidades, al modo de una flor que saliera volando en pos de cuantos insectos pululan por la zona, sean polinizadores o no. (Fernando Aramburu)

No era necesario demostrar los hechos: bastaba con que el autor lo hubiera escrito para que fuera verdad, sin más pruebas que el poder de su talento y la autoridad de su voz. (G. García Márquez)

La gente a la que le gusta comer inevitablemente acaba guisando, de la misma forma que alguna de la gente a la que le complace leer acaba escribiendo. (Marilar Aleixandre)

¿De dónde saca el escritor lo que escribe? De su percepción más íntima de las cosas, de la realidad sustancial que le rodea. (Rosa Montero)

Escribe prosa el literato, prosa correcta, prosa castiza, y no vale nada esa prosa sin las alcamonías de la gracia, la intención feliz, la ironía, el desdén o el sarcasmo. (Azorín)

Cuanto más inteligente sea nuestro ordenador, más tontos somos. (Mario Vargas Llosa)
....

Internet no selecciona la información. Es un mundo salvaje y peligroso. Todo surge sin jerarquía. La inmensa cantidad de cosas que circulan por la red es mucho peor que la falta de información. El exceso de información provoca la amnesia. Conocer es cortar y seleccionar... Internet es un peligro para el ignorante porque no filtra nada. Solo es buena para quien ya conoce y sabe dónde está el conocimiento. (Umberto Eco)
....

El déficit de la palabra condena a muchos niños a la hiperactividad con el consiguiente déficit de atención, que es un síntoma de la civilización. (Judith Miller)
....

El maestro, la escuela y la familia

El látigo, a la par del libro, fue durante siglos el emblema de quienes enseñaban a leer. (Alberto Manguel)
....

No es la biblioteca o la escuela lo que despierta el gusto por leer, por aprender, imaginar, descubrir. Es un maestro, un bibliotecario que, llevado por su pasión, y por su deseo de compartirla, la transmite en una relación individualizada. (Michel Petit)
....

La función esencial del maestro es mostrar dónde se encuentra la buena literatura para que el alumno haga con ella lo que quiera. (Juan Benet)
....

No importa que el niño no lo comprenda todo. Basta que se contagie del acento, como se llena de la frescura del agua, del calor del sol y la fragancia de los árboles; árboles, sol, agua, que ni el niño, ni el hombre, ni el poeta entienden en último término lo que significan. (Juan Ramón Jiménez)
....

Basta una condición para reconciliarse con la lectura: no pedir nada a cambio. No encargar el más mínimo trabajo. No añadir ni una palabra a las páginas leídas. Lectura y regalo. Leer y esperar. Una curiosidad no se fuerza, se despierta. Los libros no han sido escritos para que los jóvenes los comenten, sino para que si el corazón se lo dice, los lean. (Daniel Pennac)
....

Me parece que a los jóvenes les distancia de la lectura la mala educación literaria que reciben en la escuela, los malos profesores de literatura que tienen. Y los malos padres, que no leen. Cuando les cae un buen profesor, hace lectores a montones. Pero si dan con uno que les obliga a leer *El Buscón* a los diez años, huyen de la lectura. Eso lo que hace es asesinar las ganas de leer y odiar los libros en vez de amarlos y disfrutarlos. (ANA MARÍA MATUTE)

Quien ha leído a García Márquez, a Juan Rulfo o a Vargas Llosa está en mejores condiciones para decidir qué libros recomendar a los niños que alguien que solo ve la tele. Los docentes no tienen otra forma de capacitarse en el fomento de la lectura entre los niños salvo leer. Estoy convencida de que lo que lleva a un niño a leer es, ante todo, ejemplo. De la misma forma que se aprende a cepillarse los dientes, a comer con tenedor y cuchillo, a vestirse o a ponerse los zapatos. Si ningún adulto de los que rodean al niño tiene la costumbre de leer, será difícil que este se vuelva lector. (ANA MARÍA MACHADO)

Salvo los más instintivos, todos nuestros goces son aprendidos, es decir, imitados. Copiamos nuestros placeres, añadiéndoles apenas un toquecito personal. La Rochefoucauld aseguró que nadie se enamoraría si no hubiese oído hablar del amor. Aún menos nadie escribiría, pintaría o compondría música si careciese de los indispensables modelos jubilosos. (FERNANDO SAVATER)

La escuela debería proporcionar aquellos tres elementos que aún hoy cualquiera de nosotros, adultos devoradores de libros, necesita para seguir leyendo: buenas sugerencias, fondos y disposición interior. (GUADALUPE JOVER)

Hay que contagiarles a los niños el placer de la lectura, pero nunca obligarles a leer, porque es seguro que aborrecerán los libros. Sobre todo si, al llegar a casa, los padres están mirando la televisión y le ordenan al niño que vaya a leer. Los niños presienten que a sus padres no les gusta leer. Si bien es útil darles a los niños libros que estén un poco por encima de su edad, debe ponerse atención en no provocarles dificultades que los hagan desistir. Con los libros adecuados van a disfrutar de la lectura. En el mundo no hay tantas cosas gratas, ¿por qué habría de perderse el placer de leer? (FERNANDO SAVATER)

A los niños les gusta o intentan que les guste lo que se les da. Y si no les gusta, no logran expresar bien su desagrado ni logran razonarlo; además, les gustan de forma indiscriminada una gran cantidad de cosas diferentes, sin molestarse por analizar los distintos niveles de su creencia…Solo se debe a una ilusión de los adultos producida por la humildad de los niños, por su falta de experiencia crítica y de vocabulario y por su voracidad, propia de su rápido crecimiento. (Tolkien)

Jugar con las palabras es comenzar a jugar con las ideas. (Marc Soriano)

Lo más importante para cualquier artista es aprender a mirar. (Luis García Montero)

Todo lo que se le enseña a un niño se le impide que lo descubra o que lo invente. (Jean Piaget)

Tenemos que llevar la infancia encima, como hacen los caracoles con su concha. (Claudio Magris)

Todos los autores y todas las obras consideradas hoy como clásicos, fueron en su día modernos y como tal, recibieron críticas buenas o malas, pero sobre todo recibieron la fría acogida de los que consideraban que solo importaban los clásicos. De tal manera que entre los autores que hoy publican también habrá algunos o muchos clásicos dentro de poco, y oponerse a nuevos autores es oponerse a los clásicos del mañana. (Emili Teixidor)

Hay muchos profesores que no leen y eso se nota en sus alumnos. Yo soy partidario de las lecturas obligatorias para los profesores, más que para los alumnos. (Luis García Montero)

No es posible ningún proceso de enseñanza sin algo de disciplina. (Fernando Savater)

El entusiasmo de un profesor se trasvasa a los alumnos sin el menor esfuerzo. (Carlos Murciano)

Se pide a la escuela que se ocupe de un montón de cosas —desde la educación física a la educación cívica, desde la instrucción sexual hasta el respeto ecológico, desde el cuidar de la alimentación a conocer las normas de tráfico— y la sociedad contempla consternada cómo las criaturas no solo no aprendieron tales argumentos, sino que cada vez leen y escriben peor. (José Luís García Garrido)

Todo libro es documental, en el más amplio sentido, en tanto y en cuanto nos enseña algo acerca del corazón humano. (R. Dubois)

Los editores estudian el mercado de hoy y jamás el mercado del futuro, lo cual es un error. Y lo que es más grave, por afán de lucro, los editores ponen en circulación libros que desarrollan la pasividad del lector y preparan insensiblemente la muerte del libro. (MARC SORIANO)

La escuela tradicional, después de enseñarle al niño los mecanismos de la lectura, se revela incapaz de darle el gusto de leer, no logra despertar el interés por los libros. (MARC SORIANO)

La madre no regaña jamás a su hijo porque haya pronunciado mal una palabra o porque haya caído cuando da sus primeros pasos. Ella sabe, intuitivamente, que el niño por naturaleza hace todo lo posible por hacerlo bien, pues el fracaso le inquieta y desanima. Si ha cometido una falta es porque no ha podido evitarla. Nuestro papel de educadores es semejante: no corregir, sino ayudar a alcanzar el éxito y sobrepasar los errores. (CÉLESTIN FREINET)

Si explicáis una lección valiéndoos de vuestra autoridad, nadie escucha. Pero organizad vuestro trabajo de tal manera que el niño empiece por actuar él mismo, por experimentar, por inquirir, por leer, por seleccionar y clasificar documentos. Entonces os hará preguntas que le han intrigado más o menos: será lo que nosotros denominados la lección a posteriori. (CÉLESTIN FREINET)

La escuela que se limita a enseñar a leer sin ofrecer al niño otro ejercicio lector, cumple a medias su cometido. ¿Qué diríamos de una escuela de natación que solo permitiera a sus alumnos lanzarse al agua para salvar a un compañero o para rescatar un objeto que cayese al fondo de la piscina? Enseñar a nadar solo para sacar provecho funcional de esta enseñanza, sin inculcar a los alumnos el interés o placer de nadar, sería absurdo. (AURORA DÍAZ-PLAJA)

El papel de los padres es animar al niño a creer que la lectura es algo digno y agradable de hacer, que saber leer y escribir está a su alcance y a proporcionar los medios para su placer y su éxito. (MARGARET MEEK)

La humildad del maestro consiste en renunciar a demostrar que uno ya está arriba y en esforzarse por ayudar a subir a otros. Su deber es estimular a que los demás hagan hallazgos, no pavonearse de los que él ha realizado. (FERNANDO SAVATER)

El encuentro decisivo entre los chicos y los libros se produce en los pupitres del colegio. Si se produce en una situación creativa, donde cuenta la vida y no el ejercicio, podrá surgir ese gusto por la lectura con el cual no se nace, porque no es un instinto. Si se produce en una situación burocrática, si al libro se lo maltrata como instrumento de ejercitaciones, sofocado por el mecanismo tradicional «examen, juicio», podrá nacer la técnica de la lectura, pero no el gusto por la lectura. Los chicos sabrán leer, pero leerán solo si se les obliga. (G. Rodari)

···············

El don que todos los buenos maestros poseen es el hacer que tome vida todo aquello de lo que hablan. (R. Dahl)

···············

Si los profesores tienen hoy por principio abordar una obra como si se tratara de un problema de investigación para el que sirve cualquier respuesta, con tan de que no sea evidente, mucho me temo que los estudiantes no descubran jamás el placer de leer una novela. (Flannery O'Connor)

···············

Los escasos adultos que me han dado de leer se han borrado siempre delante de los libros y se han cuidado mucho de preguntarme qué había entendido de ellos. (Daniel Pennac)

···············

Uno de mis seres inolvidables es la maestra que me enseñó a leer. Era una muchacha bella y sabia que no pretendía saber más de lo que podía. Fue ella la que nos leía en clase los primeros poemas que me pudrieron el seso para siempre. Recuerdo con la misma gratitud al profesor de literatura de bachillerato, un hombre modesto y prudente que nos llevaba por el laberinto de los buenos libros sin interpretaciones rebuscadas. (Gabriel García Márquez)

···············

Los profesores, en su mayoría, obligan a leer los textos que ellos admiran y conocen, no los que podrían despertar la sensibilidad del alumno. (Salvador García Jiménez)

···············

Es desde la capacidad de entusiasmo de un profesor desde la que ha de conquistarse la atención del alumno. (Salvador García Jiménez)

···············

Los profesores no han de exigir la lectura, sino compartir su propia dicha de leer. (Salvador García Jiménez)

···············

Es un crimen de lesa cultura que el alumno termine odiando la lengua y la literatura en su propio idioma. (Salvador Gutiérrez Ordóñez)

···············

Tan pronto como un niño es capaz de imaginar una solución favorable a sus problemas actuales, los ataques de cólera desaparecen, porque, al haberse consolidado la esperanza en el futuro, las dificultades actuales dejan de ser insoportables. (Bruno Bettelheim)

No son las lecturas las que proporcionan la educación moral, sino la acción y la vida. De este modo, si la influencia familiar y las disciplinas escolares o sociales cumplen su cometido en el otro sentido, no hay mucho que temer a los efectos de las lecturas, a menos que ellas sean rematadamente malas. (Jesualdo)

Un niño a solas con sus libros es para mí la verdadera imagen de una felicidad potencial, de algo que siempre está a punto de ser. Un niño, solitario y con talento, utilizará una historia o un poema para crearse un compañero. Ese amigo invisible no es una fantasmagoría malsana, sino una mente que aprende a ejercitar todas sus facultades. Quizá es también ese momento misterioso en que nace un nuevo poeta, un nuevo narrador. (Harold Bloom)

Yo soñaba con una escuela donde los profesores fueran guías y mentores, en vez de capataces. (Frank McCourt)

Acaso sea lícito afirmar que todo niño que juega se conduce como un poeta, creándose un mundo propio o, más exactamente, situando las cosas de su mundo en un orden nuevo, grato para él. (S. Freud)

El arte se nos revela antes aún que la naturaleza. El arte nació del juego y el juego es la vida del niño. El niño nace artista y suele dejar de serlo en cuanto se hace hombre. (M. de Unamuno)

Para los niños tienen un encanto especial las palabras puras, las palabras vírgenes, las palabras santas, esto es, las palabras que no significan nada. (M. de Unamuno)

Para que haya entrega a una causa tenemos primeramente que amarla, y solo se aman aquellas cosas que se conocen, y solo se conoce aquello en lo que podemos adentrarnos con una conciencia de duración y profundidad. (Juan Manuel de Prada)

Para transmitir el amor a la lectura y en particular a la lectura literaria, hay que haberlo experimentado. (M. Petit)

Los niños leen una amplia variedad de cosas y ¿quién sabe qué es lo que provoca las ideas, las posibilidades, las esperanzas o la actividad? En este proceso de estimulación la basura ocupa un lugar. (John Spink)

La disociación que la escuela establece entre diferentes tipos de lectura —recreativa, informativa, de consulta, de estudio o de investigación— perjudica a la formación lectora del alumno, que ha de ser transversal e integradora. (Aurora Cuevas)

El niño seguiría siendo un buen lector si los adultos que lo rodean alimentaran su entusiasmo en lugar de poner a prueba su competencia, si estimularan su deseo de aprender en lugar de imponerle el deber de recitar, si le acompañaran en su esfuerzo sin contentarse en esperarle a la vuelta de la esquina, si consintieran en perder tardes en lugar de intentar ganar tiempo, si hicieran vibrar el presente sin blandir la amenaza del futuro, si se negaran a convertir en dura tarea lo que era un placer, si alimentaran este placer hasta que se transmutara en deber, si sustentaran este deber en la gratuidad de cualquier aprendizaje cultural y recuperaran ellos mismo el placer de esa gratuidad. (Daniel Pennac)

Cuando la familia socializaba, la escuela podía ocuparse de la enseñanza. (Juan Carlos Tedesco)

La curiosidad, sin tener con qué alimentarse, se desvanece por sí sola. (Charles Dickens)

El buen educador tiene que llevar en el alma un poco de marino, un poco de pirata, un poco de poeta y un kilo y medio de paciencia. (Gabriel Celaya)

La enseñanza basada en la imposición es fácil; la basada en la ilusión es más complicada. (Ernesto R. Abad)

El niño será lector si el maestro sabe crear ritos alrededor de la lectura, alimentar la anticipación. El maestro debe ser un hipnotizador. (Ernesto R. Abad)

Todo viaje de formación tiene que estar tutelado por quien ya ha viajado y sabe viajar, así como toda lectura tiene que estar dirigida por quien ya ha leído y sabe leer. (Jorge Larrosa)

Un maestro no es el que ordena «hazlo como yo», sino el que dice «hazlo conmigo». (Gilles Deleuze)

APÉNDICE II
Selección de álbumes ilustrados

Puede decirse que el llamado álbum es el libro por excelencia, pues une a partes iguales y en perfecta armonía texto e ilustración, todo ello presentado generalmente en un formato atractivo.

Presentamos aquí una selección de los que consideramos mejores álbumes del siglo XX, que no deberían faltar nunca en una biblioteca. Son libros para todas las edades, que unen a la calidad del texto la belleza artística de las ilustraciones, realizados por un solo artista o bien por el dúo ilustrador/escritor en perfecta convivencia, y buena parte de ellos son muy apropiados para una narración oral.

Título	Autor	Ilustrador	Editorial y año
El regalo	G. Keselman	Pep Monserrat	La Galera, 1996
De verdad que no podía	G. Keselman	Noemí Villamuza	Kókinos, 2001
Este monstruo me suena	G. Keselman	Emilio Urberuaga	La Galera, 2004
¡Oh!	J. Goffin	Jose Goffin	MSV, 1991
Mamá puso un huevo...	Babette Cole	Babette Cole	Destino, 1993
Ferdinando el toro	Munro Leaf	Munro Leaf	Lóguez, 1987
Los misterios del señor Burdick	Chris van Allsburg	Chris van Allsburg	FCE, 1996
Juul	G. de Maeyen	G. de Maeyen	Lóguez, 1996
Historia sin fin	I. Mari	Iela Mari	Anaya, 1997
El erizo de mar	I. Mari	Iela Mari	Anaya, 1999
Willy el tímido	Anthony Browne	Anthony Browne	FCE, 1998
El túnel	A. Browne	A. Browne	FCE, 1997
Cambios	A. Browne	A. Browne	FCE, 1998
Voces en el parque	A. Browne	A. Browne	FCE, 1999

Título	Autor	Ilustrador	Editorial y año
El viaje de Anno	M. Anno	M. Anno	Juventud, 1981
Pipí Caca	Stephanie Blake	S. Blake	Corimbo, 2006
Zoom	Istvan Banyai	Istvan Banyai	FCE, 1995
Quiero un gato	Tony Ross	Tony Ross	Destino, 1989
Hipersúper Jezabel	Tony Ross	Tony Ross	SM, 1990
Nadarín	Leo Lionni	Leo Lionni	Lumen, 1996
Pequeño azul y pequeño amarillo	Leo Lionni	Leo Lionni	Kalandraka, 2005
Frederick	Leo Lionni	Leo Lionni	Lumen, 1963
Adivina cuánto te quiero	Sam McBratney	Anita Jeram	Kókinos, 1995
La historia de la manzana roja	Jan Lööf	Jan Lööf	Kalandraka, 2009
Los tres bandidos	Tomi Ungerer	Tomi Ungerer	Kalandraka, 2007
Ningún beso para mamá	Tomi Ungerer	Tomi Ungerer	Lumen, 1998
Donde viven los monstruos	Maurice Sendak	Maurice Sendak	Alfaguara, 1984
¿Qué le pasa a Momo?	Nadja	Nadja	SM, 1995
El viaje en globo de Guillermo	Rainer Zimnik	Rainer Zimnik	Kalandraka, 2009
¿Qué prefieres…?	John Burningham	John Burningham	Kókinos, 1984
Rosa blanca	C. Gallaz	R. Innocenti	Lóguez, 1987
El puente	Ralph Steadman	Ralph Steadman	Miñón, 1975
No quiero el osito	David McKee	David McKee	Espasa, 1986
Iris	Miquel Obiols	Carme Solé	Aura, 1991
No confundas	Hervé Tullet	Hervé Tullet	Destino, 1999
Uno y siete	Gianni Rodari	B. Alemagna	SM, 2001
Lorenzo está solo	Anais Vangelade	Anais Vangelade	Corimbo, 1998
El grúfalo	Julia Donaldson	Axel Scheffler	Destino, 1999
El cochinito de Carlota	David McKee	David McKee	FCE, 1999.
¡Papá!	Philippe Corentin	Philippe Corentin	Corimbo, 1999
Historia de un erizo	Asun Balzola	Asun Balzola	El Jinete Azul, 2010
El niño que no quería ir a dormir	Helen Cooper	Helen Cooper	Juventud, 1998
Hay un oso en el cuarto oscuro	Helen Cooper	Helen Cooper	Juventud, 1999
¿Qué crees?	Mem Fox	Vivianne Goodman	FCE, 1999
Onga Bonga	Carol Thomson	F. Wishinsky	Juventud, 1999
Perro azul	Nadja	Nadja	Corimbo, 1999
La rana tiene miedo	Max Velthuijs	Max Velthuijs	Timun Mas, 1995
Papá lobo	Ophelie Texier	Ophelie Texier	Corimbo, 2000
La fuga	Yvan Pommaux	Yvan Pommaux	Corimbo, 1998

Título	Autor	Ilustrador	Editorial y año
Duerme bien, pequeño oso	Quint Bluchholz	Quint Bluchholz	Lóguez, 1998
El globito rojo	Iela Mari	Iela Mari	Lumen, 1997
¿A qué sabe la Luna?	Michael Grejnier	Michael Grejnier	Kalandraka, 1999
La caja voladora	Luis de Horna	Luis de Horna	Espasa, 1990
El maravilloso viaje a través de la noche	Helme Heine	Helme Heine	Lóguez, 1990
Vamos a buscar un tesoro	Janosch	Janosch	Alfaguara, 1995
El topo que quería saber quién le había hecho aquello en la cabeza	W. Holzwarth	Wolf Erlbruch	Alfaguara, 2002
El gato y el pez	André Dahan	André Dahan	Destino, 1991
El pequeño rey de las flores	Kveta Pacovska	Kveta Pacovska	Kókinos, 1993
Osito polar, vuelve pronto	Hans de Beer	Hans de Beer	Lumen, 1998
¿No duermes, osito?	Martin Waddell	Barbara Firth	Kókinos, 1997
Historias de ratones	Arnold Lobel	Arnold Lobel	Kalandraka, 2000
Tragasueños	Michael Ende	A. Fuchshuber	Juventud, 1990
El guardián del olvido	Joan M. Gisbert	Alfonso Ruano	SM, 1990
Oliver Button es una nena	Tomie de Paola	Tomie de Paola	Everest, 2002
Una pesadilla en mi armario	Mercer Mayer	Mercer Mayer	Kalandraka, 2001
Rosa Caramelo	Adela Turín	Nella Bosnia	Kalandraka, 2012
El canto de las ballenas	Dyan Sheldon	Gary Blythe	Kókinos, 2002
La carta de la señora González	Sergio Lairla	Ana G. Lartitegui	Fondo de Cultura Económica, 2000
Ser quinto	Ernst Jandl	Norma Junge	Lóguez, 1997
Fernando Furioso	H. Oram	S. Kitamura	Ekaré, 1998
Mamá fue pequeña antes de ser mayor	V. Larrondo	C. Desmarteau	Kókinos, 2001
Noche de tormenta	Michéle Lemieux	Michéle Lemieux	Lóguez, 2000
¿Quién ha visto las tijeras?	Fernando Krahn	Fernando Krahn	Kalandraka, 2002
Insomnio	Antonio Skármeta	Alfonso Ruano	SM, 2002
Como todo lo que nace	E. Brami	E. Brami	Kókinos, 2000
¡Hombre de color!	Jérome Ruillier	Jérome Ruillier	Juventud, 2004
Por cuatro esquinitas de nada	Jérome Ruillier	Jérome Ruillier	Juventud, 2005
Aquí es mi casa	J. Ruillier	J. Ruillier	Juventud, 2008
Edu, el pequeño lobo	Grégoire Solotareff	Grégoire Solotareff	Corimbo, 2004
El ogro, el lobo, la niña y el pastel	Philippe Corentin	Philippe Corentin	Corimbo, 2004

Título	Autor	Ilustrador	Editorial y año
¡Qué más quisieras!	Grégoire Solotareff	Grégoire Solotareff	Corimbo, 2003
Sapo es sapo	Max Velthuijs	Max Velthuijs	Ekaré, 2004
Papá, por favor, consígueme la Luna	Eric Carle	Eric Carle	Kókinos, 2004
La mariquita gruñona	Eric Carle	Eric Carle	Kókinos, 2004
La historia de Erika	Ruth Vander Zee	R. Innocenti	Kalandraka, 2005
El libro triste	Michael Rosen	Quentin Blake	Serres, 2004
Un día, un perro	G. Vincent	G. Vincent	Zendrera, 2004
El árbol rojo	Shaun Tan	Shaun Tan	Barbara Fiore, 2005
Bolboretas	Xavier P. Docampo	Xosé Cobas	Everest, 2005
Wally	Martin Handford	Martin Handford	Ediciones B, 1977
La gran pregunta	Wolf Erlbruch	Wolf Erlbruch	Kókinos, 2005
La estupenda mamá de Roberta	Rosemary Wells	Rosemary Wells	Alfaguara, 2005
¡Julieta, estate quieta!	Rosemary Wells	Rosemary Wells	Alfaguara, 2008
El cartero simpático o unas cartas muy especiales	Janet y Allan Ahlberg	Janet y Allan Ahlberg	Destino, 2000
Ahora no, Fernando	David McKee	David McKee	Altea, 1984
El lobo sentimental	Geoffroy de Pennart	Geoffroy de Pennart	Corimbo, 2004
Pulguita	Eric Battut	Eric Battut	Juventud, 2003
Elmer	David McKee	David McKee	Alfaguara, 1990
La perla	Helme Heine	Helme Heine	SM, 1986
El árbol generoso	Shel Silverstein	Shel Silverstein	Litexsa-Zendrera, 1997
¿Quién teme al libro feroz?	Lauren Child	Lauren Child	Serres, 2003
El astrónomo	Walt Whitman	Loren Long	Serres, 2006
Cuentos	E. Ionesco	E. Delessert	Combel, 2009
La sorpresa de Nandi	E. Browne	La autora	Ekaré, 2009
Siempre puedes contar con papá	Mireille d'Allance	La autora	Corimbo, 2006
Negros y blancos	David McKee	El autor	Anaya, 2008
Papá, mamá, Anita y yo	J. Ruillier	El autor	Juventud, 2010
Un oso bueno	Ted Dewan	El autor	Juventud, 2009
Un poco de mal humor	Isabelle Carrier	La autora	Juventud, 2012
Nublado con probabilidades de albóndigas	J. Barret	Ron Barret	Corimbo, 2012
Casualidad	Pepe Monteserin	Pablo Amargo	Barbara Fiore, 2011

APÉNDICE III
Bibliografía básica

Bibliotecas

Baró, M.; Mañá, T. (1993). *Formarse para informarse*. Madrid: Celeste.
——— (2001). *Bibliotecas escolares ¿para qué?* Madrid: Anaya.
Camacho, J. (2004). *La biblioteca escolar en España: pasado, presente y un modelo para el futuro*. Madrid: De la Torre.
Carrión, M. (1987). *Manual de bibliotecas*. Madrid: Pirámide.
Castán, G. (2002). *Las bibliotecas escolares: soñar, pensar, hacer*. Sevilla: Diada Editora.
Centelles, J. (2008). *La biblioteca, el corazón de la escuela*. Barcelona: Octaedro.
Coronas, M. (2000). *La biblioteca escolar: un espacio para leer, escribir y aprender*. Gobierno de Navarra.
Cuevas Cerveró, A. (2007). *Lectura, alfabetización en información y biblioteca escolar*. Guijón: Trea.
Del Valle, G.; Ladrón de Guevara, M.; Verde, M. (2007). *La biblioteca escolar: usuarios y servicios*. Buenos Aires: Alfagrama.
Durban Roca, G. (2010). *La biblioteca escolar, hoy. Un recurso estratégico para el centro*. Barcelona: Graó.
Fuentes Romero, J. (2006). *La biblioteca escolar*. Madrid: Arco.
García Guerrero, J. (2010). *Utilidad de la biblioteca escolar. Un recurso al servicio del proyecto educativo*. Gijón: Trea.
Illescas, M. (2003). *Estudiar e investigar en la biblioteca escolar. La formación de usuarios*. Gobierno de Navarra, Departamento de Educación y Cultura.
Jordi, C. (1998). *Guía práctica de la biblioteca escolar*. Madrid: Fundación Germán Sánchez Ruipérez.
Lage Fernández, J. (2005). *Animar a leer desde la biblioteca*. Madrid: CCS.
López, P.; Velosillo, I. (2008). *Educación para la ciudadanía y biblioteca escolar*. Guijón: Trea.

Miret, I. (coautora) (2010). *Bibliotecas escolares entre comillas (estudio de casos de buenas prácticas en la integración de la biblioteca en los centros educativos)*. Madrid: MEC, Fundación Germán S. Ruipérez

Nájera Trujillo, C. (2008). *Pero no imposible. Bitácora de la transformación de una biblioteca escolar y su entorno*. México: Océano.

Padorno, S. (2009). *Desarrollo de colecciones y bibliotecas escolares*. Buenos Aires: Alfagrama.

Parmegiani, C. (1997). *Lecturas, libros y bibliotecas para niños*. Madrid: Fundación Germán Sánchez Ruipérez.

Patte, G. (1998). *¡Dejadles leer! Los niños y la biblioteca*. Barcelona: Pirene.

Queralt, E. (coord.) (2009). *La biblioteca mediateca. Educación infantil y primaria*, Barcelona: Octaedro.

—— (coord.) (2009). *La biblioteca mediateca. Educación secundaria*. Barcelona: Octaedro.

Rueda, R. (1998). *Bibliotecas escolares. Guía para el profesorado de Educación Primaria*. Madrid: Narcea.

Salaberría, R. (2010). *Autodidactas en bibliotecas*. Gijón: Trea.

Soto Alfaro, F. (coord.) (2009). *La biblioteca escolar como espacio de aprendizaje*. Madrid: MEC.

Valverde, P. (1997). *La biblioteca un centro clave de documentación escolar: organización, dinamización y recursos*. Buenos Aires: Alfagrama.

Lectura

Argüelles, J. (2006). *Historias de lecturas y lectores: los caminos de los que sí leen*. México: Paidós.

—— (2009). *Si quieres...lee: contra la obligación de leer y otras utopías lectoras*. Fórcola.

Arizaleta, L. (2003). *La lectura, ¿afición o hábito?* Madrid: Anaya.

Benjamin, W. (1989). *Escritos. La literatura infantil, los niños y los jóvenes*. Buenos Aires: Nueva Visión.

Bettelheim, B.; Zelan, K. (1983). *Aprender a leer*. Barcelona: Crítica.

Birkerts, S. (1999). *Elegía a Gutenberg. El futuro de la lectura en la era electrónica*. Madrid: Alianza.

Bloom, H. (1997). *El canon occidental. La escuela y los libros de todas las épocas*. Barcelona: Anagrama.

—— (2000). *Cómo leer y por qué*. Barcelona: Anagrama.

Calvino, I. (1991). *Por qué leer a los clásicos*. Círculo.

Carr, N. (2011). *Superficiales: ¿Qué está haciendo Internet con nuestras mentes?* Madrid: Taurus.

Cerrillo, P.; Luján, A. (2010). *Poesía y educación poética*. Universidad de Castilla La Mancha.

Colomer, T. (1998). *La formación del lector literario. Narrativa infantil y juvenil actual*. Madrid: Fundación Germán Sánchez Ruipérez.

————— (2005). *Andar entre libros. La lectura literaria en la escuela*, México: Fondo de Cultura.

Cotroneo, R. (1994). *Si una mañana de verano un niño*. Madrid: Taurus.

Eco, U. (2011). *Confesiones de un joven novelista*. Barcelona: Lumen.

Ferrés, J. (2000). *Educar en una cultura del espectáculo*. Barcelona: Paidós.

Gabilondo, A. (2012). *Darse a la lectura*. RBA.

García Jiménez, S. (1996). *El hombre que se volvió loco leyendo El Quijote: para acabar con la enseñanza de la literatura*. Barcelona: Ariel.

Hazard, P. (1977). *Los libros, los niños y los hombres*. Barcelona: Juventud.

Held, J. (1987). *Los niños y la literatura fantástica: función y poder de lo imaginario*. Barcelona: Paidós.

Iser, W. (1987). *El acto de leer*. Madrid: Taurus.

Jover, G. (2007). *Un mundo por leer. Educación, adolescentes y literatura*. Barcelona: Octaedro.

Larrosa, J. (2003). *La experiencia de la lectura. Estudios sobre literatura y formación*. México: FCE.

Lewis, C. (2000). *La experiencia de leer. Un ejercicio de crítica experimental*. Barcelona: Alba Editorial.

Lluch, G. (2010). *Las lecturas de los jóvenes: un nuevo lector para un nuevo siglo*. Anthropos.

Machado, A. M. (2002). *Lectura, escuela y creación literaria*. Madrid: Anaya.

Manguel, A. (1998). *Una historia de la lectura*. Madrid: Alianza.

Marchamalo, J. (2008). *Las bibliotecas perdidas*. Renacimiento.

Marina, J.; De la Válgoma, M. (2005). *La magia de leer*. Barcelona: Plaza&Janés, 2005.

Mata, J. (2004). *Cómo mirar a la Luna. Confesiones a una maestra sobre la formación del lector*. Barcelona: Graó.

————— (2008). *Diez ideas clave. Animación a la lectura. Hacer de la lectura una práctica feliz, trascendente y deseable*. Barcelona: Graó.

Moreiro, J. (2012), *De Harry Potter al Quijote. La lectura en la escuela secundaria*. Berriozar: Cénlit Ediciones.

Moreno, V. (2009). *La manía de leer*. Caballo de Troya.

Núñez, G. (2001). *La educación literaria*. Madrid: Síntesis.

Pennac, D. (1993). *Como una novela*. Barcelona: Anagrama,

Pérez Díaz, E. (2007). *El escritor frente al mito del niño lector*. Madrid: Anaya.

Petit, Marc (2000). *Elogio de la ficción*. Madrid: Espasa.

Petit, Michéle (1999). *Nuevos acercamientos a los jóvenes y la lectura*. México: FCE.

——— (2008). *Una infancia en el país de los libros*. Océano.
——— (2009). *El arte de la lectura en tiempos de crisis*. Océano.
PIAGET, J. (1978). *La representación del mundo en el niño*. Madrid: Morata.
PROUST, M. (1986). *Sobre la lectura*. Valencia: Pretextos.
SALINAS, P. (1986). *El defensor*. Madrid: Alianza.
SÁNCHEZ MIGUEL, E.; GARCÍA PÉREZ, J.; ROSALES PARDO, J. (2010). *La lectura en el aula. Qué hacer, qué se debe hacer y qué se puede hacer*. Barcelona: Graó.
SARTORI, G. (1997). *Homo videns. La sociedad teledirigida*. Madrid: Taurus.
SPINK, J. (1989). *Niños lectores*. Madrid: Fundación Germán Sánchez Ruipérez.
STEINER, G. (2000). *La barbarie de la ignorancia*. Barcelona: Mario Muchnik.
TEIXIDOR, E. (2008). *La lectura y la vida. Cómo incitar a los niños y adolescentes a la lectura: una guía para padres y maestros*. Barcelona: Ariel.
VV. AA. (2002). *Hablemos de leer*. Madrid: Anaya.
VV. AA. (edición de Javier Pérez Iglesias) (2007). *Palabras por la lectura*. Toledo: Consejería de Cultura de la Junta de Comunidades de Castilla-La Mancha.
WOLF, M. (2008). *Cómo aprendemos a leer: historia y ciencia del cerebro y la lectura*, Ediciones B.
ZAID, G. (1996). *Los demasiados libros*. Barcelona: Anagrama.

Talleres

AGÜERA, I. (2005). *Cuentos y escenificaciones para primaria*. Madrid: CCS.
APELLANIZ, A. (2008). *Cómo escribir relatos y novelas*. Madrid: CCS.
CALERO HERAS, J. (2012). *Taller de escritura. De la letra al texto*. Barcelona: Octaedro.
CALLEJA, S. (1992). *Todo está en los cuentos. Propuestas de lectura y escritura*. Bilbao: Mensajero.
——— (1988). *Lecturas animadas: actividades didácticas de lecturas en el bachillerato*. Bilbao: Mensajero.
CAÑAS, J. (2007). *Taller de expresión oral*. Barcelona: Octaedro.
CASSANY, D. (1995). *La cocina de la escritura*. Barcelona: Anagrama.
DELMIRO COTO, B. (2002). *La escritura creativa en las aulas. En torno a los talleres literarios*. Barcelona, Graó.
DÍEZ BARRIO, G. (2007). *Cómo escribir cuentos. 66 propuestas*. Madrid: CCS.
FRANCO, A. (1988). *Escribir, un juego literario*. Madrid: Alhambra.
GIL, C. (2003). *¡A jugar con los poemas! Taller de poesía para niños*. Madrid: CCS.
GUADALUPE, R. (2010). *Palabras literarias*. Barcelona: Octaedro.
HIDALGO DE LA TORRE (2010). *Sugerencias sugestivas con las palabras*. Barcelona: Octaedro.

Huertas, R. (2007). *Poesía popular infantil y creatividad*. Madrid: CCS.
——— (2006). *Cuentos populares y creatividad*. Madrid: CCS.
Jimeno, P. (2006). *Taller de expresión escrita*. Barcelona: Octaedro.
Lage, J. (2011). *Antología de cuentos y algunos poemas. Con propuestas didácticas*. Barcelona: Octaedro.
Marchamalo, J. (2002). *La tienda de palabras*. Madrid: Siruela.
Montes, F. (2008). *Taller de escritura*. 1303 ejercicios de creación literaria. Berenice.
Moreno, V. (1994). *El deseo de escribir*. Pamplona: Pamiela.
——— (1998). *Va de poesía*. Barcelona: Pamiela.
——— (1989). *El juego poético en la escuela*. Pamplona: Pamiela.
Núñez, P. (2006). *Taller de comprensión lectora*. Barcelona: Octaedro.
Otero, M. (1996). *Jugamos a animar a leer*. Madrid: CCS.
Páez, E. (2001). *Escribir. Manual de técnicas narrativas*. Madrid: SM.
Peres, E. (2005). *Juegos de palabras y con las palabras*. Barcelona: Octaedro.
Pozo, E. (2009). *El taller de animación a la lectura en el aula y la biblioteca escolar*. Comunicación Social.
——— (2009). *Organización y gestión de talleres de animación a la lectura en la biblioteca pública*. Comunicación Social.
Rodari, G. (2006). *Gramática de la fantasía. Introducción al arte de inventar historias*. Barcelona: Del Bronce.
Zaragoza, V. (1987). *La gramática (h)echa poesía*. Madrid: Popular.

Animación

Durán, T. (2002). *Leer antes de leer*. Madrid: Anaya.
Equipo Peonza (1998). *Abecedario de la animación a la lectura*. Madrid: Asociación española de Amigos del Libro infantil y juvenil.
Gil, C. (2006). *Leer, contar y jugar. Actividades de animación a la lectura*. Madrid: CCS.
López Polanco; Campo, E. (1990). *Estrategias y técnicas de animación lectora*. Madrid: Escuela Española.
Moreno, V. (1985). *El deseo de leer: propuestas para mantener y despertar el gusto por la lectura*. Pamplona: Pamiela.
Otero García, M. (2006). *Animar a la lectura jugando. Didácticas practicolúdicas del lenguaje a partir de los seis años*. Madrid: CCS.
Quintanal, J. (1999). *Actividades lectoras en la escuela infantil y primaria: guía para la organización y el desarrollo de programas de animación lectora*. Madrid: CCS.
——— (2005). *La animación lectora en el aula. Técnicas, instrumentos y recursos*. Madrid: CCS.

Recasens, M. (2005). *Actividades para mejorar con lectores*. Barcelona: CEAC.
Rueda, R. (1994). *Recrear la lectura. Actividades para perder el miedo a la lectura*. Madrid: Narcea.
Sarto, M. (1998). *Animación a la lectura con nuevas estrategias*. Madrid: SM.
Villegas, J.; Iglesias, J. (1997). *Animación y libros*. Madrid: CCS.

Literatura infantil y juvenil

Abril, M. (coord.) (2005). *Lectura y literatura infantil y juvenil*. Málaga: Claves, Aljibe.
Atxaga, B. (1999). *Alfabeto sobre la literatura infantil*. Valencia: Media Vaca.
Bermejo, A. (coord.) (1998). *Guía de autores de la LIJ española*. Asociación Amigos del libro infantil y juvenil.
Calleja, S. (2012). *Conjugar el verbo leer. Invitación a la lectura y a la escritura*, Bilbao, Desclée de Brouwer.
Cendán, F. (1986). *Medio siglo de libros infantiles y juveniles en España (1935-1985)*. Madrid: Pirámide.
Cerrillo, P. (2008). *Literatura infantil y juvenil y educación literaria*. Barcelona: Octaedro.
Cervera, J. (1991). *Teoría de la literatura infantil*. Bilbao: Mensajero.
Clark, M. (2005). *Escribir literatura infantil y juvenil*. Barcelona: Paidós.
Colomer, T. (2010). *Introducción a la literatura infantil y juvenil actual*. Madrid: Síntesis.
Escarpit, D. (1986). *Literatura infantil y juvenil en Europa*. México: Fondo de Cultura.
García Padrino, J. (1992). *Libros y literatura para niños en la España contemporánea*. Madrid: Pirámide.
Garralón, A. (2001). *Historia portátil de la literatura infantil*. Madrid: Anaya.
Hurlimann, B. (1968). *Tres siglos de literatura infantil europea*. Barcelona: Juventud.
Jesualdo (1982). *La literatura infantil. Ensayo sobre ética, estética y psicopedagogía de la literatura infantil*. Buenos Aires: Losada.
Lage, J. (2010). *Diccionario histórico de autores de la LIJ contemporánea*. Barcelona: Octaedro.
Lluch, G. (2010). *Cómo seleccionar libros para niños y jóvenes*. Gijón: Trea.
Lurie, A. (1998). *No se lo cuentes a los mayores. Literatura infantil, un espacio subversivo*. Madrid: Fundación Germán Sánchez Ruipérez.
Márquez, B. (coord.) (2008). *Ocho maneras de contar*. Madrid: Fundación Jordi Sierra i Fabra, SM.

Molist, P. (2008). *Dentro del espejo. La literatura infantil y juvenil contada a los adultos.* Barcelona: Graó.
Nobile, A. (1992). *Literatura infantil y juvenil. La infancia y sus libros en la civilización tecnológica.* Madrid: Morata.
Petrini, E. (1963). *Estudio crítico de la literatura juvenil.* Madrid: Rialp.
Savater, F. (1976). *La infancia recuperada.* Madrid: Taurus.
Soriano, M. (1995). *La literatura para niños y jóvenes. Guía de exploración de sus grandes temas.* Buenos Aires: Colihué.

Bibliografías

Barrena, P.; CAreaga, P.; Gómez Navarro, M.; Mora, L. (2000). *Libros infantiles y juveniles para hacer buenos lectores.* Madrid: Anabad, Educación y Biblioteca.
Bloom, H. (2003). *Relatos y poemas para niños extremadamente inteligentes de todas las edades.* Barcelona: Anagrama.
Eccleshare, J. (2010). *1001 libros infantiles que hay que leer antes de crecer.* Madrid: Grijalbo.
Equipo Peonza (1992). *Un libro para leer muchos más.* Madrid: Alfaguara.
——— (2004). *Cien libros para un siglo.* Madrid: Anaya.
Fundación Germán Sánchez Ruipérez (1996). *Mil libros.* Salamanca.
——— (2000). *Entrequinientos.* Salamanca.
González, L. (2000). *Bienvenidos a la fiesta. Diccionario guía de autores y obra de literatura infantil y juvenil.* Madrid: CIE Dossat.
Lage, J. (2010). *Diccionario histórico de autores de la literatura infantil y juvenil contemporánea.* Barcelona: Octaedro.
Marchamalo, J. (2006). *39 escritores y medio* (con ilustraciones de Damián Flores). Madrid: Siruela.
Marías, J. (1992). *Vidas escritas.* Madrid: Siruela.
Sierra i Fabra, J. (2012). *Mis primeros 400 libros. Cuándo, dónde, cómo y por qué los escribí.* Madrid: SM.

Narracción oral

Abad, E.; Prieto, B. (2007). *Te cuento para que cuentes. Animación a la lectura y conocimiento de la narración oral.* Madrid: Libros de la Catarata.
Bettelheim, B. (1994). *Psicoanálisis de los cuentos de hadas.* Barcelona: Crítica.

Birkháuser, S.; Oeri (2010). *La llave de oro. Madres y madrastras en los cuentos infantiles*. México: Turner.
Casdhan, S. (2000). *La bruja debe morir*. Madrid: Debate.
Cerdá, H. (1982). *Literatura infantil y clases sociales*. Madrid: Akal.
——— (1985). *Ideología y cuentos de hadas*. Madrid: Akal.
Cone Bryant, S. (1993). *El arte de contar cuentos*. Hogar del Libro.
Del Amo, M. (2006). *Cuentos contados*. Madrid: SM.
Jean, G. (1998). *El poder de los cuentos*. Barcelona: Pirene.
Montero, B. (2010). *Los secretos del cuentacuentos*. Madrid: CCS.
Ong, Walter J. (1997). *Oralidad y escritura*. México: FCE.
Pastoriza, D. (1962). *El cuento en la literatura infantil. Ensayo critico*. Buenos Aires: Kapelusz.
——— (1975). *El arte de narrar*. Buenos Aires: Kapelusz.
Pelegrín, A. (1982). *La aventura de oír*. Madrid: Cincel.
Pisanty, V. (1995). *Cómo se lee un cuento popular*. Barcelona: Paidós.
Propp, V. (1981). *Las raíces históricas del cuento*. Madrid: Fundamentos.
——— (1981). *Morfología del cuento*. Madrid: Fundamentos.
Rubio, A. (2008). *Siete llaves de cuento*. Sevilla: Kalandraka.

Autobiografías

Andersen (2005). *El cuento de mi vida* (I y II). Madrid: De la Torre.
Blyton, E. (1987). *La historia de mi vida*. Barcelona: Juventud.
Browne, A.; Browne, J. (2011). *Jugar el juego de las formas. Una retrospectiva de la vida y obra del laureado creador de Willy*. México: FCE.
Dahl, R. (2008). *Boy (Relatos de infancia)*. Madrid: Alfaguara.
——— (2006). *Volando solo*. Madrid: Alfaguara.
Kästner, E. (1988). *Cuando era un chiquillo*. Madrid, Alfaguara
Lindgren, A. (1985). *Mi mundo perdido*. Barcelona: Juventud.

Índice

Sumario 7

Capítulo I. Literatura infantil y juvenil 9
El arte de la difícil facilidad (o cómo escribir un buen libro infantil) 9
Los premios Nobel de literatura y los niños 14
    El más representativo 15
    De 1909 a 1967 15
    De 1984 a 2008 18
    Dos preguntas 19
¿Literatura adaptada o adoptada? 20
Bestiario infantil. La literatura, los animales y los niños 24
    El interés por los animales 25
    Los autores y los animales 26
    Los géneros 26
    Tendencias actuales 27
    Colofón 28
Libros malditos. Breve historia de la censura en la literatura infantil
    y juvenil 28
Las claves de Andersen 33
    Su vida 33
    Sus cuentos 36
        Carácter autobiográfico 37
        Dotar de vida a los seres inertes 37
        Final triste 37
        Fascinación por el progreso técnico 38
        Los viajes 38
        Recreaciones populares 38

La naturaleza 38
Espíritu religioso 39
El humor 39
No sexismo 39

Capítulo II. Bibliotecas escolares 41
Por qué no funcionan las bibliotecas escolares 41
Por qué necesitamos las bibliotecas escolares 43
Qué hacer para que las bibliotecas escolares funcionen 45
Qué hay que evaluar; quién debe hacerlo, por qué, cómo y cuándo 47
    Los fondos. La organización 48
    El bibliotecario 48
    Los recursos económicos 49
    La animación y la dinamización 49
    El préstamo 49
    Los horarios 49
    El local, la decoración y el mobiliario 49
    Las relaciones internas: usuarios y colaboradores 50
    Las relaciones externas 50
    La revisión periódica interna 50
Decálogo del buen bibliotecario escolar 51
Algunas experiencias promocionales para una biblioteca escolar 53
    Señores libros 53
    Recital poético 54
    Un cesto lleno de palabras 57
    Mesas numeradas y reserva de plaza 58
    El álbum familiar o conmemorativo 59
    Las fotografías literarias o el taller de fotografía 60
    Lista de recomendados 60
    Un país, un autor 61
        Desarrollo posterior 62
    Las rebajas u ofertas 63
    Rueda de prensa profesional 63
    Encuentros literarios o temáticos con invitación (y premio) 64
    Jornadas de radio y literatura 65
    ¿Quién soy yo?, o Sigue la pista, o Indicios 66
    Las encuestas documentales con premio 67
    La asamblea de auxiliares 68
    Otra vuelta de tuerca 69

Anexo A. Encuesta individual y externa... 70
Anexo B. La evaluación general e interna... 74

Capítulo III. Animación a la lectura 77
Doce mandamientos para la animación a la lectura............................. 77
Tipología de las actividades de animación... 79
La animación a la lectura en diez principios... 80
Pedagogía del librofórum 81
    Concepto y características.. 81
    Objetivos.. 81
    Los componentes 82
        El mediador 82
        El animador 83
        Los lectores 83
        El libro.. 84
        El espacio.. 84
        El tiempo.. 84
    Los tiempos o metodología... 85
    Algunas actividades modelo 85
    Encuentros con un autor y el librofórum 88
    ¿Y las nuevas tecnologías?... 88
    Un ejemplo práctico... 88
        El autor 88
        El libro.. 89
        El argumento... 89
        Preguntas.. 89
        Juego del sí y no 90
        Otros títulos... 90
        Juego creativo de las siglas... 90
        Lecturas 91
Los encuentros con el autor 91
    Tres protagonistas 92
    Tres momentos 93
    Tres tiempos 93
    Conclusiones... 93
Las claves de los cuentos de hadas 94
    Los números tres o siete.. 94
    Perderse en el bosque 95
    Es más frecuente la madrastra cruel que el padrastro...................... 95

    Muchos héroes caen en un sopor profundo o son resucitados 96
    Disociación o bipolarización de ciertos personajes................................ 96
    Los personajes masculinos libertadores representados por cazadores 96
    Las reinas acosan a sus hijas hasta matarlas 97
    Hablar por medio de símbolos o con un lenguaje indirecto..................... 97
    Los malvados son siempre castigados... 97
    Anonimato de los personajes.. 97
    El significado de los enanitos en algunos cuentos................................. 98
    Los zapatos de Cenicienta y el ataúd de Blancanieves son de cristal 98
    Significado de la manzana... 98
    Las figuras masculinas son débiles o inasequibles 99
    El héroe siempre corre el peligro de morir por falta de alimento.............. 99
    Ausencia o muerte de la madre 99
    Canibalismo o antropofagia... 99
    Los objetos mágicos 99
    Algunos animales.. 100
    ¿Algunos cuentos de hadas favorecen la mentira?................................ 101
    Los héroes, libres de vínculos familiares 101
    No somos conscientes de los efectos de los cuentos o no recordamos
        sus claves implícitas... 101
    Siempre un final feliz 101
    Alusiones eróticas o sexuales 102
Las preguntas del narrador 102
    ¿Clásicos o actuales?.. 102
    ¿Demasiada fantasía?... 103
    ¿Hasta qué edad contamos? 105
    ¿Cuánto y cuándo? 105
    ¿Explicamos los contenidos? 106
    ¿Pedimos algo a cambio o dejamos tiempo para pensar?....................... 106
    ¿Y si piden la misma historia una y otra vez?...................................... 107
    ¿Interrumpimos el relato una vez iniciado?... 108
    ¿Hacemos advertencias previas? 108
    ¿Y el miedo? ¿Y la crueldad? 109
    ¿Pasó de verdad?... 110
    ¿Y el vocabulario de los cuentos? 111
    ¿Y la identificación?... 112
    ¿Por qué las fórmulas de apertura y cierre? 112
    ¿Cómo decir y qué actitud adoptar?... 113
    ¿Cuál es la disposición idónea de narrador y oyentes? 114

¿Es necesaria la adaptación?	114
¿Son para niños?	115
¿Qué función cumplen en la sociedad actual?	116
¿Qué diferencia el cuento popular de otros géneros?	117
Mitos de la lectura juvenil	118
El papel del maestro ante la lectura	118
La lectura consultada o la opinión de los niños	118
La lectura selectiva	119
La lectura instrumental, utilitaria o productiva	121
La lectura infantilizada	122
La lectura interesada	123
La lectura explicada o comprensiva	124
La lectura textual o escrita	125
La lectura impuesta	125
La lectura añorada	126
La lectura moralizadora	127
La lectura culpabilizada	128
La lectura contabilizada o recompensada	128
La lectura oral	129
La lectura fragmentada o colectiva	131
La lectura progresiva o la evolución continua	131
La lectura tutelada o calificada	132
La lectura mitificada	133

Apéndice I. Citas 135

La literatura infantil y juvenil	135
La didáctica de la lectura	140
La biblioteca	144
La narración oral	147
Los libros, los lectores y la lectura	150
La animación y la promoción de la lectura	157
La ficción fantástica	160
La Ilustración y los géneros literarios	162
La escritura y las nuevas tecnologías	163
El maestro, la escuela y la familia	166

Apéndice II. Selección de álbumes ilustrados 173

Apéndice III. Bibliografía básica 177
Bibliotecas 177
Lectura 178
Talleres 180
Animación 181
Literatura infantil y juvenil 182
Bibliografías 183
Narración oral 183
Autobiografías 184